使える！経営戦略111

Management Strategy

第2版

平田讓二
岸本太一［著］

中央経済社

『使える！経営戦略111（第２版）』無償ダウンロードサービス

大学や短大，専門学校等のテキストとして本書の採用をご検討いただける教員の方は，小社のサポートページから，掲載の図表等を収録したPowerPoint データを無償でダウンロードできます。

ダウンロードにはパスワードが必要になりますので，詳細は以下アドレスまでメールにてお問い合わせください。

中央経済社サポートページ　https://www.biz-book.jp/978-4-502-44471-5

販売促進部メールアドレス　hansoku@chuokeizai.co.jp

はじめに

初版から９年を経て，第２版を出版できたことを嬉しく思います。この本では，主たる読者の年齢層を大幅に引き上げることにしました。30〜40歳代の中堅サラリーパースンから部長・事業部長職の方々が，改めて経営戦略を学ぶことができるような内容に改編しています。また，経営大学院へ入学を検討している向学心旺盛な企業人が，予備知識として一読できるような内容にもしています。

１つの章で学ぶ内容を７〜８項目に絞り，見開き２ページの１項目を10分程度で読めるように配慮しました。しかも，記述されている内容は，経営戦略に関して理解しておかなければならない基本的な概念をほぼ網羅しています。記述内容の特徴としては，実際の企業活動で「なぜ，そのような考え方をしなければならないのか」という根拠を明らかにしているところでしょう。

こうした内容ですから，企業社会で起きるさまざまな戦略行動を論理的に理解できるようになっています。「経営は論理である」と言ったのは，宅急便ビジネスを創造したヤマト運輸（当時）の社長であった故小倉昌男さんです。まさに，企業経営は論理の塊であり，経営の根幹といえる戦略も堅牢な論理で構成される必要があるのです。しかし，現実にはいまだに勘と経験と度胸（KKD）だけで経営のマネごとが行われている企業もあります。それゆえに，この本が多くの企業人に役立てれば幸いです。

なお，第２版には岸本太一先生に参加してもらいました。2000年代前半，国立キャンパスの演習室で月曜の４〜６時に，恩師から厳しく指導された同僚（年齢には大きな開きがありますが）です。長い時間を経て，岸本先生とこのような出会いと協働を再開できたことは非常な喜びです。

最後に，出版実現にご尽力いただいた納見伸之氏，また編集・校正でご苦労いただいた浜田匡氏に感謝したいと思います。

2022年９月26日

筆者を代表して　**平田　譲二**

Contents

第３章　成長戦略

第4章 成長戦略の論理

第5章 グローバル化の戦略

第7章 ポジショニングの戦略への批判

第8章 市場適合の戦略

第9章 ビジネスシステムと技術

第10章 製品の構造と差別化

第14章 組織は学習する

第15章 非営利組織の経営戦略

第1章

経営戦略を学ぶ前に

☞この本では，すべての項目が見開きで学べるようになっています。だからと言って，ただ単に経営戦略にかかわる概念を百科事典のように解説したものではありません。経営戦略を考える上で各項目がなぜ重要なのかが，論理的に説明されています。簡単に言うならば，なぜ……なのか？　なぜならば……だから！　というような文脈で説明されている部分が多いのです。

☞平易な記述は記憶に残りにくいものですが，理屈で説明されて一度理解できたものはなかなか忘れません。それゆえに，こうした記述を心掛けています。

☞経営戦略を学ぶ前に理屈・論理についても簡単に学んでいただきたいと考えたために，この章だけは事前に論理について学ぶことになります。

001 企業が必要とする能力
—論理的に考えることの重要性 1

Key Words 環境変化，経営資源の再配分，論理的に考える

1990年代のはじめ，世界では歴史的な変化が起きていました。ベルリンの壁の崩壊に続くソビエト連邦と東欧諸国の民主化は，この地域に大きな製品市場を生み出し，多くの西欧企業が進出することになります。さらに，鄧小平が主導した改革開放政策によって中国には巨大な労働市場が出現し，日本企業を含めた世界中の企業が中国に生産拠点を求めました。一方，マイクロソフト社のOSであるWindows 3.1を搭載した小型コンピュータがこの時代に企業に導入され，1995年のWindows 95の発売によって，先進国の一般家庭にはパソコンが浸透することになります。その後インターネットの利用が急拡大し，IT関連技術の進歩が現在（2022年）も世界各地で継続しているのです。

バブル経済の崩壊後30年以上を経過したものの，日本では2008年のリーマンショックと2011年の東日本大震災による経済の停滞には著しいものがありました。さらに2019年末に中国武漢に端を発したコロナウィルスによるパンデミックは，この本の執筆時点も世界中に大きな影響を及ぼしています。

上記のような**環境変化**を企業が機敏に察知し，素早く対応するためには，単年度の計画レベルの考え方だけでは心許ないでしょう。どのような変化に対しても長期的に対応できるような大きな構想のもとで，**経営資源の再配分**をともなった戦略が必要とされるのです。

読者の皆さんが所属する企業においては，「戦略」という言葉が日常的に使われているはずです。ただし，その言葉が示す意味は企業ごとに異なっているのが一般的です。ちょっとした「戦術レベルの活動」を戦略と呼んでいる場合があれば，「計画」と呼んだほうがしっくりくる内容のものを，わざわざ「戦略」と大仰に呼んでいるところもあるでしょう。それほどに実社会では，「戦略」についての理解がバラついているのが現状なのです。

個々の企業の置かれている状況はすべて異なっていますし，事業や活動の目的もそれぞれに異なっています。それゆえに，すべての企業に漏れなく適用で

001 企業が必要とする能力

世界的な環境変化　　IT 技術の継続的な進歩

資源の再配分を伴う経営戦略が必要

論理的に戦略が作れるか？

きるような戦略などは有りません。世間に流布されているようなKnow Howは，戦略の本質ではないのです。

企業内で戦略策定に直接関わっている人は，それほど多くはないでしょう。しかし，従業員のすべてが企業の一員として戦略実行には関わっています。この点で，戦略を学ぶことの大きな意味があります。自分が所属する企業の戦略は適切なものなのか，うまく機能しているのか。そうした現実を理解し，戦略の策定や実行を通して組織に影響力を与えることができるならば，日々の仕事にも遣り甲斐が生まれます。また，戦略を学ぶ過程で**論理的に考える**習慣が身に付くならば，自分の仕事を有効かつ効率的に進めることができるようになるはずでしょう。

企業の戦略的経営には，表層的なKnow HowやHow toレベルの手法を使うだけでは実現できず，環境に対する鋭い観察と企業内の経営資源への深い洞察から生まれる的確な論理が必要とされるのです。

以上を十分に理解した上で，次世代のリーダーを目指す方々には，このテキストに挑戦してもらいたいと思います。

002 論理力 —論理的に考えることの重要性2

Key Words 理論，思考力，言語能力

「**理論**」と「論理」は，漢字の順序が異なっているだけで似たような概念だと思われがちですが，その意味はまったく異なっています。広辞苑によると理論とは「個々の事実や認識を統一的に説明することのできる普遍性をもつ体系的知識」，あるいは「ある問題についての特定の学者の見解」と説明されています。ざっくりと理解するなら「定説となっているような知識や見解」という意味と捉えてよいでしょう。一方，論理とは「思考の形式・法則。また，思考の法則的なつながり」と説明されています。すなわち，これから知ることになる論理とは，形式そのものと言ってもよいでしょう。

さらに，「**思考力**」と「論理力」とは似てはいるのですが異なる概念です。思考力とは，その人の知識と経験から生まれる「ひらめきの力」と言ってよいでしょう。ひらめきとはある意味で創造力でもありますから，既存の知識や経験から頭の中での飛躍（ジャンプ）があります。一方，論理力とはひらめきによって得た結論を，誰にでも納得できるように「飛躍のない」形で再構成する力，ということができます。すなわち，なぜそのような結論に到達したのかを，理屈で説明できる力なのです。さらに厳密に説明するならば，どのような前提で，どういう理由で，どのような結論が導けて，しかもそれ以外の結論が導けそうにない，ということが説明できる力ということです。

図は，中学校の幾何学に出てくるピタゴラスの定理（三平方の定理）です。直角三角形の各辺を一辺とする正方形のうち，小さな２つの正方形の面積の和は，最も大きい正方形の面積に等しいというものです。この定理そのものは「理論」です。では，論理によってこの定理がなぜそうなるのかを説明してみましょう。

正方形 KACH の面積の１/２を占める三角形 KAC の面積は，三角形 KAB と等しくなります。なぜなら，KA という底辺を共有して高さが AC で等しいからです。三角形 KAB を，A 点を支点として時計回りに90度回転させると，三

002 論理的に再構成して説明する

▶ピタゴラスの定理

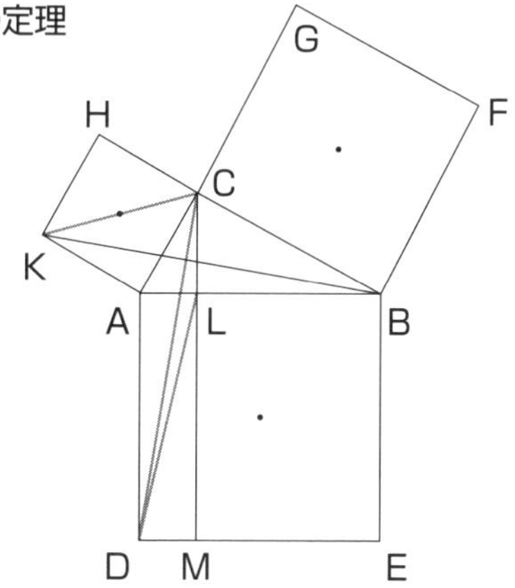

角形 CAD になります。三角形 CAD と三角形 LAD は底辺 AD を共有して高さが AL で等しいですから同じ面積となります。すなわち，正方形 KACH の面積の 1/2 の三角形 KAC の面積は，長方形 ADML の面積の 1/2 の三角形 LAD と等しくなります。これによって，正方形 KACH の面積は長方形 ADML と等しいことが分かります。次に同様の手順を踏むと，正方形 FBCG の面積と長方形 BEML の面積が等しいことが説明できますから，正方形 KACH の面積と正方形 FBCG の面積の和が，正方形 ADEB に等しいことが説明できるのです。

さあ，どうでしょうか。ピタゴラスの定理が論理的に理解できたでしょうか。こうした説明ができるということが，論理力があるということなのです。論理力とは思考力のように新しいものを生み出す力ではありません。論理力とは自分の考えを他人にきちんと伝える力であり，また伝えられたことをきちんと受け取る力だとも言えるのです。論理力とはコミュニケーションのための**言語能力**であって，日本語（言語）の能力あるいは「読み書き」の能力ということもできるのです。

003 接続と形式 —言葉と言葉の関係1

Key Words 長い文章，接続詞，形式

前項のピタゴラスの定理を説明する論理を読んでいて，実に面倒な**長い文章**だと感じた読者が大勢いたのではないでしょうか。誰が読んでも誤解のないように論理の筋道を説明するのは，長い文章と正確な言葉遣いを必要とします。

多くの人々の普段の会話では，会話の前提となる共通の知識や経験をわざわざ言葉に表現せずに話しますから，簡潔な言葉遣いになるわけです。普段から新聞や本，さらにはインターネット上の長い文章を読む習慣がなく，会話やTVなどの音声情報だけに接している人には，長い文章はちょっとつらいものになります。すなわち，「論理力が鍛えられない」ということになりがちです。

論理力とは，言葉（文章）と言葉（文章）がどのようにつながっているか，を捉える力と言い換えることもできます。そして，日本語には次のような接続の関係とそれを表現するそれぞれの**接続詞**があります。

◆解説：　すなわち　つまり　言い換えれば
◆根拠：　なぜなら　それゆえ　したがって
◆付加：　そして　しかも　むしろ
◆例示：　たとえば
◆転換：　しかし　だが　でも
◆補足：　ただし

このような言葉（文章）どうしをつなぐ接続詞を使うことによって，正確な論理を作り伝達することができるのです。ちなみに，ピタゴラスの定理の説明では，「なぜなら」と「すなわち」という接続詞を使いました。

さらに，論理力を支えるものが言葉の**形式**です。日本語は形式（言葉の順序など）にとらわれない言語ですから，日本人には形式をコントロールするということが結構難しいのです。

003 形式をコントロールする

- 文章や発言の形式を，コントロールすることで内容をコントロールすることができるが……

- 僕は，君が好きだ
- 僕は好きだ，君が
- 君が好きだ，僕は
- 君が，僕は好きだ
- 好きだ，僕は君が
- 好きだ君が，僕は

I YOU LOVE
I LOVE YOU
YOU LOVE I
YOU I LOVE
LOVE I YOU
LOVE YOU I

図の左側に表記した会話文としての日本語は，それが話される場面次第ではすべて意味が伝わるもので，日本語として間違ってはいません。しかし，日本語と同じ語順で単語を並べた右側の英語表記では，正しい文章はI LOVE YOUだけになります。こうした簡単な事例を見るだけでも，英語という言語が形式を重視した言語だということが分かります。

日本の小学校での国語教育では，「感覚の国語は教えているけれど論理の国語を教えていない」と言い切る福嶋隆史という教育者がいます。生徒に読書感想文を書かせて，「悲しいね」とか「えらいね。勇気があるね」というような本の内容を感覚的に味わうことばかりを重視して，本の内容を伝えている言葉（＝形式）に目を向けていないというのです。

国語は，「何を読み，何を書くか」（内容）ではなく，「どう読み，どう書くか」（形式）であるとも彼は主張しています。接続詞ひとつを変えるだけで，文章は大きくその意味が変わります。こうした形式の操作のために不可欠なものが論理力なのです。

004 帰納と演繹 ―言葉と言葉の関係 2

Key Words 推論，経験，前提，結論，三段論法

私たちは普段の生活の中で，帰納的な判断をよくしています。ドアのチャイムが鳴っているわけではないけれど，ペットの犬が吠えたので玄関先に誰かが来たのではないかと思ってみる。あるいは，西の空が暗いからもうすぐ夕立が来るかもしれない，というような**推論**をします。

誰かが玄関先に来て，チャイムを鳴らす前にはペットがかならず吠えるので，ペットが吠えると誰かが来たと推論する。西の空が暗い時の数時間後にはほぼ雨が降るので，今日も西の空が暗いので雨が降る，と推論しているのかもしれません。映画やTVドラマの主人公の探偵や刑事は，多くの証拠をつなげて過去の経験から犯人を推理する，といったことが行われているわけです。

ただし，この推論がいつも正しいとは限りません。玄関先に誰も来ていないのに，お向かいの家の犬がちょっと吠えただけで，自分のペットが吠え返す場合もあるでしょう。黄砂のせいで西の空が暗いだけで，雨を運ぶ低気圧が来ていない場合があります。現実の警察は，ドラマのようには結論付けません。このように，多くの事例や**経験**をもとに規則性を推論することを，帰納的あるいは帰納法と呼びます。一般的に，帰納法では確率の高い結論を導くことができるために，日常生活や企業活動では便利に使えるのです。

一方，演繹法では絶対的な結論を導き出します。それゆえに，論理力とは演繹する力と言ってもよいでしょう。ある**前提**から何らかの**結論**が導かれている時に，その前提を正しいと認めたならば，かならずその結論も正しいと認めなければならない時，それは演繹的に正しいと言います。

ピタゴラスの定理に戻りましょう。正方形を対角線で二分すると，できた三角形の面積は正方形の面積の１/２になるという前提を置きました。底辺と高さが同一の形の異なった三角形の面積は等しいという前提も置きました。これら２つの前提は，数学的に正しいと認められていますから，導かれたピタゴラスの定理も演繹的に正しいのです。

004 演 繹

①東京は日本の首都だ

- 表現の飛躍は，許されない
- 表現された内容だけを，読み取る

②私は東京に住んでいる

- 前提を認めるならば，必ず結論を認める必要がある

③私は日本に住んでいる

図は，一般的に**三段論法**と呼ばれる演繹的に正しい叙述です。まず①では，実際に正しい事実として，東京は日本の首都だという前提を置いています。次に②で，自分が東京に住んでいるというもう１つの前提を置きました。この2つの前提が正しいならば，そのまま自分は日本に住んでいることになる，という論理的に正しい叙述です。この素っ気ない３つの文章に，つなぎの言葉を補って表現してみましょう。「東京は日本の首都だ。そして，私は東京に住んでいる。だから，私は日本に住んでいる」という論理的に正しい少しだけ長い文章になりました。

次に，「強い相手と喧嘩した。喧嘩に負けた。悔しくてたまらなかった。泣いた。」という小学校低学年生が書くような文章を，論理形式的に表現してみましょう。「強い相手と喧嘩した。だから，喧嘩に負けた。だから，悔しくてたまらなかった。だから，泣いた。」となります。一方，この叙述を「泣いた。なぜなら，悔しくてたまらなかった（から），なぜなら，喧嘩に負けた（から）。なぜなら，強い相手と喧嘩した（から）。」と表現しても同じ内容を伝えることができるのです。

005 仮説の形成 ―推論を活用する1

Key Words 飛躍する行為，仮説，証拠

前提が正しければ結論も正しいと認める演繹は，根拠となるすでに知られている事柄の内容を，別の表現を使ってその意味を正確に取り出そうとする行為だと言い替えることができます。「日本の首都は東京」と「自分は東京に住んでいる」という根拠となる情報から，「自分は日本に住んでいる」という別の正しい表現ができるということです。

一方，推論とはすでに知られていることを根拠として，まだ知られていない新しいことを結論として導く行為です。ペットの犬が吠えている。きっと，玄関先に誰かが来たのだ，というように根拠が示した内容から，積極的に**飛躍する行為**が推論です。これは，犬が吠えるという事実をもとにして，なぜ吠えているのかを説明する**仮説**を立てている，ということになります。

演繹の場合と異なって，根拠となる事柄を認めながら，結論を否定して「犬はたしかに吠えているけれど，玄関には誰もいないよ」と主張しても，矛盾とは言われないでしょう。一般に，推論は結論の確実性が演繹よりも劣ることになりますが，演繹と推論はその使われ方が違いますから，特に問題視されることはありません。

ある事柄を元にして，その事柄をうまく説明してくれるような仮説を立てるタイプの推論が，仮説形成と呼ばれるものです。「玄関に人がいる」が仮説で，「犬が吠えている」がその仮説の根拠です。ここでは，仮説の根拠であって仮説によって説明される事柄を**証拠**と呼ぶことにします。

単純な場合には，証拠だけで十分に仮説を根拠付けることも可能ですし，仮説が証拠を十分に説明できることがあります。しかし，仮説だけでは証拠となる事柄を十分に説明できずに，そこに何らかの「前提」が必要とされる場合もあります。図に示した「仮説」と「証拠」を取り巻く大きな四角い枠が前提となります。「玄関に人がいる時は必ず吠える」というのが前提となるならば，証拠は前提と組み合わされて仮説の根拠となります。

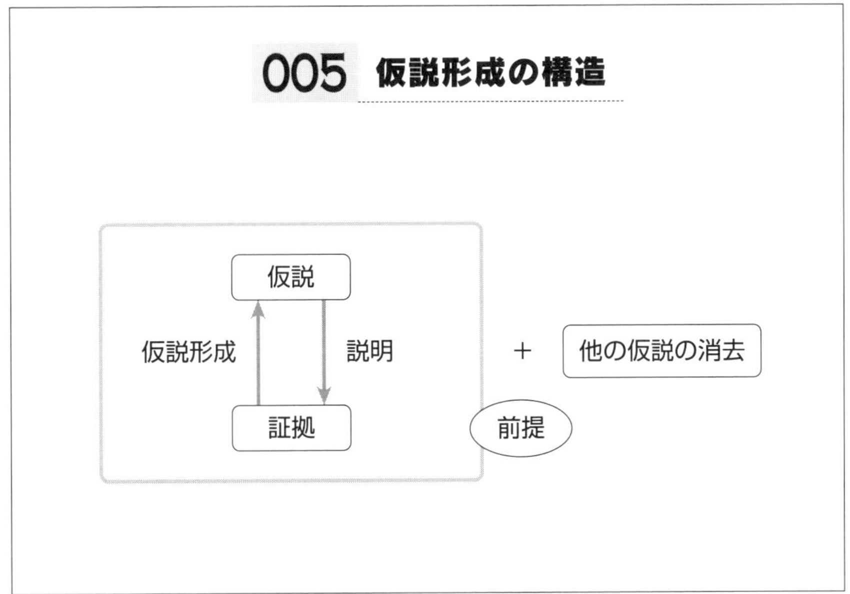

ただし，証拠と前提を混同してはいけません。仮説が説明しようとしている対象はあくまでも証拠であって，前提は仮説が説明しようとしている対象ではありません。

次に，下記のようなステップで，仮説形成が適切で説得力があるかどうかを評価する必要があります。

◆仮説は証拠となる事実をうまく説明しているか
◆仮説形成における前提は適切か
◆ほかに有力な仮説は考えられないか

特に，最後の「他に有力な仮説は考えられないか」については十分な検証が必要です。玄関先に人がいるときには，お向かいの家の犬が必ず吠えるので，それに呼応して自宅の犬が吠えているという仮説も成り立ちますから，こうした他の有力な仮説を消去することによって，堅牢な仮説形成が可能となるのです。

006 議論する　―推論を活用する２

Key Words　なぜ，なぜならば，矛盾

玄関先に人が立った時にペットの犬が吠えて，それ以外には吠える理由がない（他の仮説の消去）ことが明らかになれば，玄関先に人が立ったからという仮説は，犬が吠えたという証拠を十分に説明できたことになります。

このように，自宅のペットの犬が吠えるというような日常的な出来事に**なぜ**だろうと疑問を抱き，それに対して仮説形成するという作業は，論理力を高めるための貴重な訓練になります。

なぜ，自分は毎朝同じ電車に乗って，同じ道順で通勤するのだろうか？　なぜ，社員食堂では380円で昼の定食が提供されるのに，一般の食堂では900円もするのだろうか？　同じ業界でビジネスを展開している企業の中で，成功する企業と失敗する企業が存在するのはなぜなのだろうか？　さまざまな「なぜ」に対して，簡単に仮説形成ができるものもありますが，難しい問題になると，たくさんの証拠群と何段階もの前提を設定し，時間をかけて他の有力な仮説を１つひとつ消去する作業も必要になります。

会社での会議の場で「なぜ……」と，社長あるいは上司から問い掛けられた時に，自分が「**なぜならば**……」と即答できるならば自分への評価が高まることは必至でしょう。日頃からこの「なぜ」と問うてみる習慣を，ぜひ身に付けていただきたいと思います。

なぜと問う行為は，同時に批判的思考力をも育みます。オフィスや会議室でのやりとりの中で，少しでも疑問に思ったことに対して，なぜと問うてみることによって，誤った仮説形成がなされていることに気付いたり，誤った前提を置いた問題・課題への対応を正すことができるからです。批判的対応から議論が生まれますから，企業内の会議では参加者の職位にとらわれない積極的な議論が望まれることになります。

我々研究者が書く論文（文章による議論）では，あいまいさや飛躍は許されません。また，論文には明快な目的が存在します。さらに，その目的のために

006 矛　盾

- 世の中に，矛盾があるわけではない
- 世の中を捉える人間の側に，矛盾が生まれる

- 「A」という主張と，それと両立しない別の主張「B」が同時に為されるときに，矛盾が発生する

逆に言うと
世の中の出来事は，すべて「論理」に適っている

すべての叙述が有機的につながっている必要があるのです。

議論・討論には相手が存在しますから，当然ながら話す言葉は独り言ではありません。討論は相手に対して論理的に何かを訴えることです。自分の訴えることが論理的であれば，その討論で自分の発言が否定されることは少なくともないでしょう。堅牢な論理で話し，そして文章が書けることが論理力そのものと言えるのです。

最後に，**矛盾**という言葉について考えてみましょう。どんな盾でも突き通す矛と，どんな矛をも防ぐことができる盾の双方を売っている商人が，通りかかった客に，その矛でその盾を突いたらどうなるのか，とたずねられて答えられなかったという故事から生まれた言葉です。

一般には，「世の中は矛盾だらけだ」などという表現がありますが，世の中に矛盾は存在しません。世の中を捉える人間の側に矛盾が！　すなわち，人がAという主張と，それと両立しない別のBという主張を同時にした時に，矛盾が生じるだけなのです。

第1章 ポイント

① 思考力と論理力とは，似て非なる概念

② 適切な接続詞を使って，正確な論理を作り伝達する

③ 経験をもとに規則性を推論する帰納法も，時には使える

参考文献

福嶋隆史（2010）『論理的思考力を鍛える超シンプルトレーニング：人気国語塾発！「３つの型」で驚異の効果！』明治図書出版。

伊丹敬之（2019）『平成の経営』日本経済新聞出版社。

新村出　編（2018）『広辞苑　第７版』岩波書店。

野矢茂樹（2006）『入門！　論理学』中公新書。

野矢茂樹（2006）『新版　論理トレーニング』産業図書。

プリースト，グレアム（2008）『論理学』岩波書店。

第2章

経営戦略の基本概念

☞環境変化の激しい業界，環境変化の緩慢な業界など，企業を取り巻く環境は企業活動に大きな影響を及ぼします。自社のみならず業界団体で束になっても変えることのできない環境もあれば，自社の努力で変化させることのできる環境もあります。

☞この章では，環境への対応をはじめとして企業の経営戦略についてのさまざまな概念を理解すると同時に，戦略と不即不離の関係にある経営理念や戦術，計画などの概念などについても学びます。

☞さらに，経営資源は常に限られていますから，企業が360度全方向に戦略展開するには無理があります。そこでドメインの概念が生まれたことに着目します。

007 マクロ環境への適合 ―企業を取り巻く環境1

Key Words 生産年齢人口，変化への適応，PEST

企業経営を取り巻く環境は，マクロ環境とミクロ環境に大別できますが，この項では，マクロ環境を理解していきましょう。マクロ環境とは，自社ではほとんど操作できませんが，逆に自社の活動に重大な影響を与える環境のことで，企業はその変化に適合するしか生き残りの道はありません。

◆人口統計的環境の変化

この環境変化の顕著なものとしては，日本での少子高齢化に応じた**生産年齢人口**の減少などが挙げられます。なお，生産年齢人口とは15歳以上65歳未満の人口のことを示しています。これからの日本のように人口が減少し，さらに年齢層別の構造も変化する市場では，総需要の減少が起きると同時に需要される製品やサービスの構成も変化していきます。

◆政治・法律的環境の変化

政治勢力の変動は，立法を通じて行政面での大きな変化へとつながります。政権交代ほど影響力の大きなものでなくとも，さまざまな領域での規制緩和や自由化は多くの企業にとって新しいビジネスチャンスを生み出すことになるでしょう。しかし他方では，従来の規制に守られて経営努力を怠っていた企業には，自由競争という大きな脅威が待ち受けることになります。

◆経済環境の変化

経済発展を遂げた中国での賃金水準の上昇から，多くの外国企業が中国の工場を閉鎖して，ベトナムやその他のアジア地域に移転しています。また，コロナウィルスの蔓延によって労働力が減少したことで，物流が停滞し物価が上昇する国も現れました。

◆自然環境の変化

地球温暖化のような自然環境の変化は，世界各国の政治・法律・経済に大きな影響を与えています。低炭素化社会に向けて，世界中の多くの国々が

007 マクロ環境の変化と企業の適合

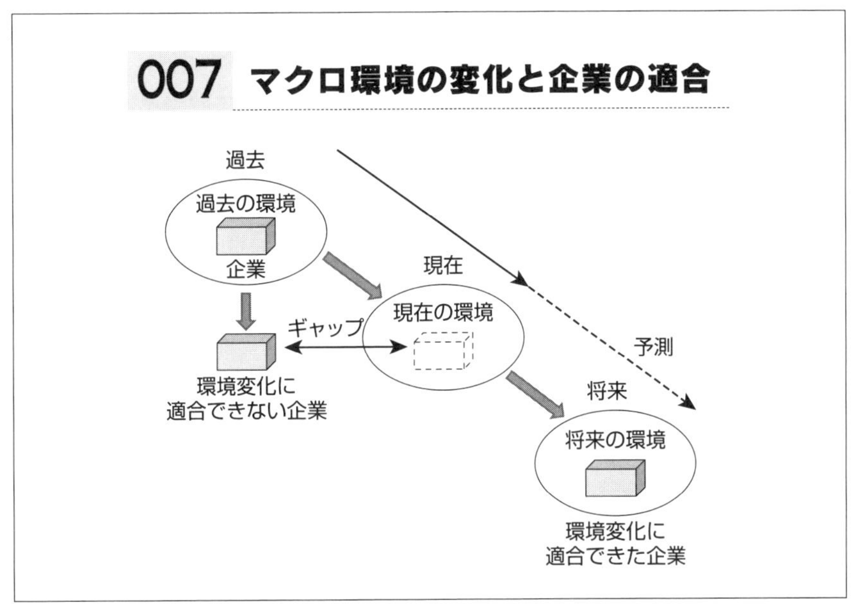

自国の産業構造の転換を促進しようとしている最中です。

◆**社会・文化的環境の変化**

前述の環境が変化すると，社会・文化的環境もおのずと変化していきます。高齢化社会に向けての取組みが，日本社会のあらゆる領域で生まれているようです。介護関連ビジネスの充実，高齢者向けの製品やサービスを開発する企業が増加しているのもその**変化への適応**といえるでしょう。

◆**技術的環境の変化**

ここ数年はIT関連の技術開発に拍車がかかっています。ネット関連技術の変化のスピードは極めて速く，特定領域でのデファクト・スタンダードを確立できた企業ですら，新しい技術のもとでは他社に利益の源泉を奪われかねない状態です。

なおマクロ環境は，そのうちのPolitics（政治），Economy（経済），Society（社会），Technology（技術）の各英語の頭文字をとって**PEST**と呼ばれることがあります。

008 ミクロ環境への働き掛け

―企業を取り巻く環境２

Key Words　顧客，競合企業，供給業者，補完的企業

ミクロ環境とは，自社の活動に重大な影響を与える環境のうち，自社がある程度操作できるものを示します。ミクロ環境の変化としては，一般に次のものが挙げられます。

◆顧客（ニーズ）の変化

顧客のニーズは時間とともに変化します。一般消費者である顧客ならば年齢とともに好みが変化しますし，家族構成の変化がニーズの変化に影響することにもなります。さらに，顧客が住む地域によってニーズが異なることが多いものです。産業財の顧客企業は品質と価格に敏感であるために，顧客企業のニーズを満足させられない場合には，自社との取引停止もあり得るのが一般的でしょう。

◆競合企業（競争）の変化

独占市場でないかぎり，自社にとっての**競合企業**が必ず存在します。日本の乗用車市場には国産車だけでも８つの代表的なメーカーがあり，激しい競争を繰り広げています。外国車も加えるとメーカー数はさらに増加しますし，電気自動車の市場導入への世界的な競争は，一層激化している状態です。

◆供給業者（購買事情）の変化

供給業者が変化することで自社が困ることと言えば，多くが購買価格の値上げではないでしょうか。石油元売り企業のように，原油の価格上昇分をガソリンの小売価格に転嫁しても，顧客がそれを許容する場合もあります。しかし一般には，顧客を失わないために原材料や燃料の値上げ分を自社の企業努力で吸収して，小売価格を据え置くという選択に迫られがちでしょう。あるいは，供給業者からのICチップの供給がコロナ禍で停止し，自社の操業に甚大な悪影響が出る場合もあります。

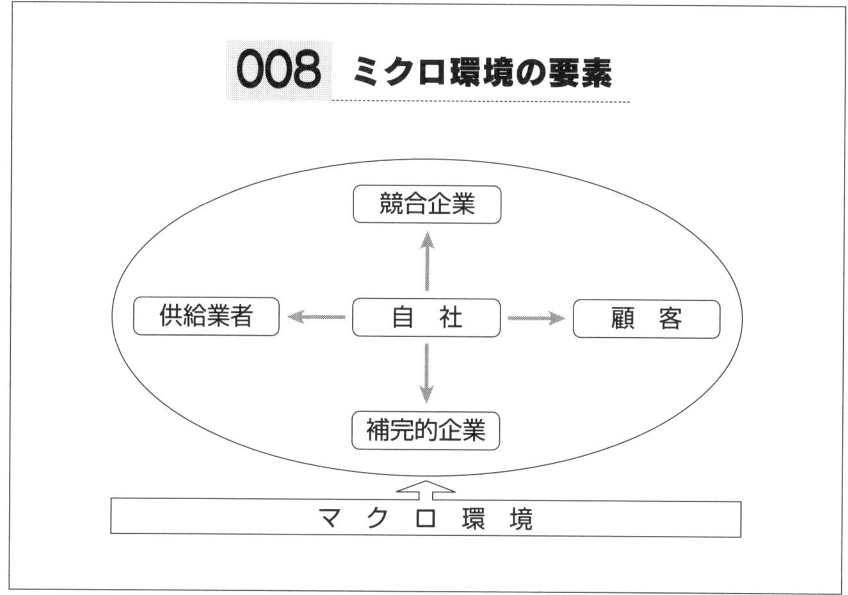

◆補完的企業（補完関係）の変化

補完的企業の変化によって，自社のビジネスから撤退せざるを得なくなった典型的な事例があります。DVD プレイヤーに映像ソフトを提供する米国のエンターテインメント企業は，すべての DVD プレイヤーを製造する企業にとって補完的企業となります。ブルーレイ・ディスク（Blu-ray Disk）を米国の映画会社が支持表明したことから，次世代 DVD 規格の1つとして HD-DVD を掲げてビジネスを展開していた東芝は，HD-DVD 発売からわずか２年後の2008年２月に，この事業から完全撤退することになりました。

なお，戦略検討の際に考慮すべきものとして「顧客（Customer）」「競合企業（Competitor）」「自社（Company）」「補完的企業（Complementor）」が挙げられ，これらを４C と呼ぶこともあります。これには「供給業者」が抜けていますが，その理由として４C が売上に係る主体であるのに対して，供給業者はコストに関係するものであるからだと考えられます。

009 なぜ戦略が必要か —企業を取り巻く環境3

Key Words **長期継続雇用，協業化，長期相対取引**

この本では銀行・証券・保険業などの金融企業の戦略には言及せずに，産業企業の戦略についてのみ考えていきます。商品やサービスが「お金」の場合と，産業企業が生み出す商品やサービスの場合とでは，その戦略の本質がまったく異なるからです。

令和の時代になっても，昔ながらの前例踏襲型の戦略や計画の立て方をしている伝統的な企業が数多く存在します。なぜそのような停滞ともいえる状態が続いているのかを考えてみましょう。

第二次世界大戦後，都会の大企業は外地から復員してきた元従業員を再雇用して生産活動を再開することになりました。その後，1950年～53年の朝鮮戦争時の米軍からの特需で，多くの日本企業は潤うことになります。しかし，朝鮮戦争の終結以降は景気が後退して，多くの企業が人員整理をせざるを得なくなりました。これが契機となって，多くの企業内で大規模な労働争議が起きることになります。

こうした争議の過程で，経営者は従業員の**長期継続雇用**（終身雇用）を維持することで組合と折り合いをつけながら，一方では人件費を抑制するために，正規従業員の人数を最小限に抑えるようになります。少数の正規従業員が互いの仕事をカバーするために**協業化**が進行します。生産現場では多能工が，そしてホワイトカラーではジェネラリストが一般化することになりました。

従業員の雇用維持を優先する企業経営は，企業どうしの取引関係を慎重に考えるようになります。1960年代まで短期金利の利率が高かった日本では，在庫量を極小化することが経営の効率化につながりました。企業は予測可能な販売量のもとで，必要最小限の原料や部品を仕入れ，安定的な生産活動を行うことを目指します。こうして，取引関係のある企業間では計画的で安定的な売買を維持するために，**長期相対取引**（長期あいたい取引）の慣習が生まれました。

このような企業内および企業間での慣行のもとで，1960年代の高度経済成

009 戦略の必要性

▶長期継続雇用が一般化

◆2022年現在も維持されている

▶協業化とは

◆メンバーシップ型の働き方
（グローバル企業だけがジョブ型へ）

▶戦略不在

◆「羹（あつもの）に懲りて膾（なます）を吹く」ことが 20 年以上継続
（思考停止状態）

長期を経験し，さらには1973年の第一次オイルショックを企業努力で切り抜けた日本経済は安定成長期を迎えます。1985年のプラザ合意以降のバブル経済期を経て崩壊までの間，日本経済はなんとか成長を維持できたわけです。この歴史が，多くの企業で明確な戦略を必要としなかった理由と考えられます。

「失われた10年」と呼ばれた1990年代は，多くの企業がバブル崩壊後のリストラに追われました。当時の企業経営陣の多くは，戦略を必要としなかった1960～70年代の好景気の時代を経験しています。そのような原体験をもつ経営陣には，バブル経済の崩壊という環境の激変期に，適切な戦略を立案・遂行する知識と経験が欠けていたと言ってもよいでしょう。

その後も，「羹に懲りて膾を吹く」ような慎重な経営が21世紀に入っても20年以上継続し，その結果としての現在（2022年）があるのです。

伝統的な企業が，計画はあっても戦略のない手堅い経営をしている一方で，IT を基盤とする企業などで大胆な戦略が実行されています。戦略は「物語」と言い換えてもよいでしょう。良い物語を創ることこそが，良い戦略そのものなのです。

010 戦略の構造 —戦略を定義付ける1

Key Words 企業戦略，事業戦略，機能別戦略，成長戦略，競争戦略

年度初めの会社の集まりで，社長が従業員を前にして「我が社の今年度の戦略は……」などと訓示する場面があるでしょう。このような際に社長が説明する戦略とは，図の中央最上段に記載された**企業戦略**というもので，これは企業全体の活動に対する戦略となります。

ただし，戦略という言葉には他の使い方もあります。たとえば，図の中央中段にある**事業戦略**は，複数の事業を展開している企業内で，個別の事業部門の中で使われる戦略となります。それぞれの事業の市場（顧客）は異なっていますから，戦略が異なるのは当然でしょう。そして，企業戦略に沿った形で事業別の戦略が策定されて，事業部内に示されるのが一般的です。事業部門が1つの企業ならば，事業戦略は不要で企業戦略のみで足りることになります。

一方，企業内ではR&D（Research & Development：研究開発）や生産，販売，人事というようにそれぞれの仕事が機能ごとに分れています。事業部門の別に関係なく，開発については○○のような戦略で機能を統合・進化させていく，というような戦略も存在します。あるいは，人事制度などは同じ企業内では事業部門すべてで同じ扱いがされるべきでしょうから，人事機能に特化した戦略も生まれることになります。このように，機能ごとに作られる戦略を**機能別戦略**と呼びます。

企業内には上記の３つの戦略概念が基本的に存在しますが，事業戦略と同様に機能別戦略も企業戦略に沿って作成される必要があります。こうした３つの戦略の関係性が，企業内での戦略の基本構造となります。

では，図の上段右側に記載された**成長戦略**や**競争戦略**と，企業戦略をはじめとするこれまで説明してきた３つの戦略概念とは何が異なるのでしょうか。

前項で説明したように，1960年代の日本は高度経済成長の時代でした。この時代はモノが無かった時代ですから，ちょっと気の利いた商品なら飛ぶように売れました。ヒット商品を当てた企業は，競合企業のことは何も考えずに自

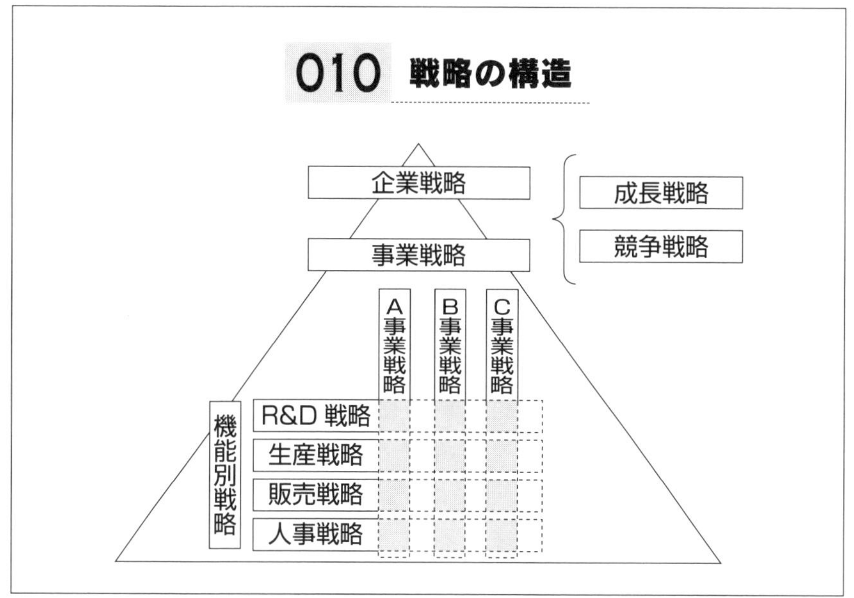

社の仕事に邁進しているだけで，毎年のように売上が伸び，それに応じて利益も拡大したでしょう。このように，競争相手を考慮しないで自社の成長のみを目的とした戦略の考え方を，成長戦略と呼びます。創業まもない企業では，自社の成長・拡大のために，一般的にはこの成長戦略が重要になります。

一方で，多くの産業が成熟してしまっている現代（2022年）においては，競争相手の企業をいかに出し抜いて，自社の売上を伸ばし利益を確保するかが重要となります。このように，他社との競争を自社にとって有利に展開するための戦略が，競争戦略と呼ばれるものです。

成長戦略も競争戦略もそれぞれ企業単位で策定・実行するものですから，これらは基本的には企業戦略の性質を２つに分類したものと言えるでしょう。ただし，多くの事業を展開している企業では，成長途中の事業の戦略は成長戦略となるでしょうし，成熟している事業ならば競争戦略の形態をとることがあります。このような企業では，各事業の成長戦略と競争戦略のバランスを考慮した企業戦略が求められます。

011 戦略とその他の概念との関係
—戦略を定義付ける2

Key Words 企業理念，ビジョン，ドメイン，戦術，個別計画

企業戦略を扱う際には，当然ながら戦略に関連するその他の概念も考慮する必要があります。**企業理念**（ミッション），**ビジョン**，**ドメイン**，**戦術**，**個別計画**などの諸概念です。

企業理念は英語のミッションに相当する概念で，自社が社会に存在する意味や自社のもつ価値基準，あるいは事業への基本的考え方（経営哲学）を示したもので，企業活動の最も基本になる概念だと言ってよいでしょう。こうした価値基準を前提として，自社がなりたいと考えている将来像を示したビジョンという概念があります。これらの企業理念やビジョンの考えのもとで，企業戦略が策定されるのです。

ただし，世の中のすべての企業に経営理念やビジョンがあるわけではありません。こうした概念をもたないままに，立派な経営をしている企業があることもまた事実です。あるいは，経営理念が書かれた紙が立派な額縁に納められ，社長室の壁にかかっていても，社長本人をはじめとして従業員全員が気にも留めていない企業も存在します。

一方，企業のドメインとは一般的には事業領域のことを示します。環境が大きく変化する場合には，自社ドメインの変更を検討する必要もあるものです。企業理念，ビジョン，ドメインはその概念の意味から理解できるように，毎年のように新設されたり，変更されるものではありません。しかし，折にふれて再検討を加える必要があるという点で，広義の戦略という概念の中に含めておいたほうがよいでしょう。

企業戦略に沿って事業戦略や機能別戦略があることはすでに説明しましたが，さらに企業内の下位組織ごとに，その組織独自の戦略が策定されることがあります。そして，それらの戦略に応じた個別計画が策定・実行されることになります。

一般に，計画とは活動実行のための詳細を規定したものと言えます。しかし，

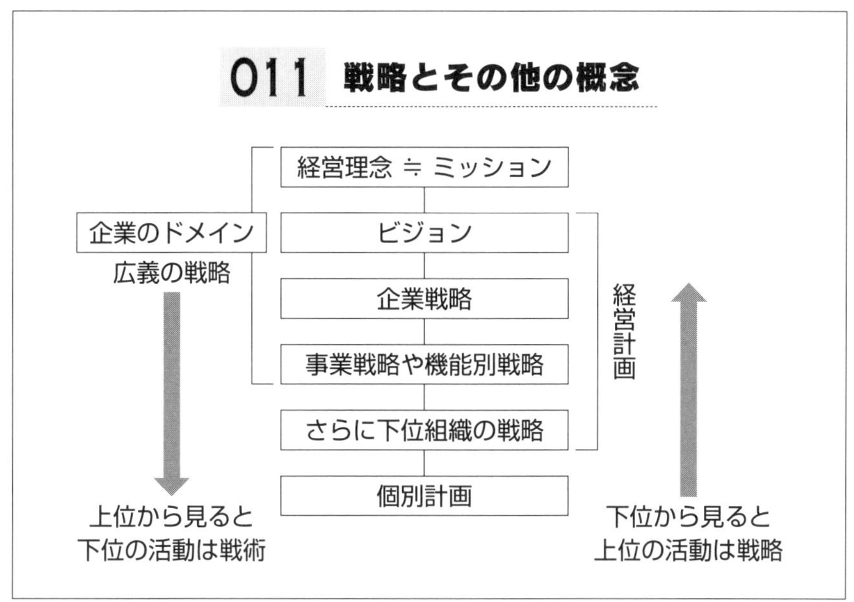

図に示されたビジョンから下位組織の戦略までの概念を総称して，経営計画という表現を用いる企業もあります。現実の企業社会では，個々の企業によってそれぞれの概念が独自の表現で使用されるのが普通なのです。

また，戦略と同じように頻繁に使われる言葉に戦術というものがあります。一般的には，戦術は戦略を実行する際の具体的方策の意味で使われます。しかしながら現実には，上位組織の戦略に沿って策定された下位組織の実行案が，上位組織から見て戦術である，というような表現がされることが多くあります。逆に，上位組織が戦術だと認識している実行案も，当該の下位組織の中では自分たちの戦略として理解されることがあります。

戦略は，戦術に対しては常に上位概念ではありますが，それぞれの組織で策定される戦略，戦術，計画などは，当該組織より上位の組織から見れば戦術と呼ばれ，下位組織から見れば戦略という呼び方になる場合が多いようです。このように戦略と戦術とは，相対的な関係にある概念であることに留意する必要があります。

012 企業理念と社会的責任
―企業活動の基本的考え方１

Key Words　CSR，コンプライアンス，SDGs，EGS

企業で働く多くの人々にとって，経営理念の意義は以下の３つに集約されるでしょう。

第１は，従業員にとって正しいと思える組織目的として，経営理念が機能することです。人は，自分が正しいと思える理念のもとで働くときに，仕事へのモチベーションが高まるからです。

第２は，経営理念が物事を判断・行動する際の基準になるということです。企業内で多くの従業員が共に考え・行動する場合には，基準がなければ逸脱行為による不経済（不要なコスト）が発生するからです。

第３は，経営理念がコミュニケーションの基盤を提供するということです。同じ理念をもつ者どうしがコミュニケーションするからこそ，互いに伝えたいことの意味が正確に伝わるのです。このように経営理念には，言葉の意味の拡散を抑制する役目もあるのです。

こうした経営理念の意義にもかかわらず，企業不祥事が起きています。2015年に明らかになった東芝による粉飾決算などが，その実態を如実に示しています。こうした現実を反映して，企業の社会的責任（**CSR**：Corporate Social Responsibility）の必要性が求められているのです。CSR の本質は「企業はいかにして社会が求めるものに対応していくか」ということですが，現実には CSR を推進する上で次のような問題が制約になっているのです。

その１つとして，「市場が企業の情報を正確に把握できない」という現実が挙げられます。市場に開示された企業の財務情報は，企業が意図的に作り出した数値で構成されている場合があります。多くの企業が「決算数字はつくるもの」と考えてきた歴史がこの実態を物語っているのです。

東芝の粉飾決算事件では，2009年３月期から14年３月期までの６年にわたる年間決算に加えて，14年４月～12月までの３つの四半期決算の内容が第三者委員会で調査されました。その当時社長を歴任していた西田，佐々木，田

012 企業の社会的責任

- CSR：企業の社会に対する責任
- コンプライアンス：倫理法令遵守
- SDGs：持続可能な開発目標
- ESG：環境・社会・企業統治への責任

中の各氏が，半導体事業と原子力事業の両部門に対して「チャレンジ」という言葉で，利益の水増しを要求していたことが明らかにされています。

日本では，90年代末から**コンプライアンス**という言葉が使用され始めました。コンプライアンスとは一般には「法令遵守」と呼ばれますが，より正確に表現すると「倫理法令遵守」と言ったほうが適切なものです。企業は法令のみに従うのではなく，その法令の背後にある倫理的な側面も尊重しなければならない，とする考え方です。多くの日本企業の経営理念には，こうした倫理的要素を尊重する精神を明文化したものが多いのです。

では，CSRとコンプライアンスにはどのような違いがあるのでしょうか。

CSRが，現時点から将来にわたる中長期的な課題や社会からの要請にどう応えるかを問題としていることに対して，コンプライアンスは短期的に表面化しやすい問題に対する倫理法令遵守であることと言えます。

2015年の国連サミットで採択された**SDGs**（Sustainable Development Goals）への努力や，投資家が関心を寄せる**ESG**（Environment・Social・Governance）にも配慮した経営が企業に求められるのです。

013 ドメインを決める　―企業活動の基本的考え方２

Key Words　事業領域，経験曲線効果，規模の経済

すでに紹介したドメインという言葉は，インターネットが普及して以降メールアドレスを示す際によく使われます。@より前は個人を特定する表記になりますが，@より後はサーバ名称や組織名称，組織の属性，国名というドメインが入るのが普通です。このようにドメインとは，いわゆる領土や所有地，領域などを意味する英語なのです。

経営学における企業のドメインも，こうした本来の意味から大きく外れることはありません。ここでは，ドメインを企業の**事業領域**として捉えておきましょう。企業によっては幅広く異なった分野に積極果敢に挑戦し，成功することで世間の脚光を浴びる企業もあります。一方で，一般消費者の目につかない産業財の中で，さらに狭い分野で地味に事業を展開している企業もあります。これらの企業はそれぞれのドメインが異なっている，と考えればよいでしょう。

ドメインは，それぞれの企業が独自に決定するものです。一度決めたドメインで事業を継続していると，さまざまにコストが削減できる**経験曲線効果**（第３章の018で詳述）が生じますので，ドメインを頻繁に変更することは得策ではありません。ただし，環境が大きく変化し従来のドメインでの事業の継続が困難になった場合には，経営者はドメインの変更を決定することがあります。

また，同じ産業内にある複数の企業のドメインが明らかに異なることがあります。その典型例の１つが自動車産業でしょう。電気自動車が進歩して自動車産業のドメインも根本から変化しようとしていますが，ここでは，従来からのエンジン駆動の自動車産業を事例にして考察しましょう。

日本の自動車メーカーが自社内で開発する部分は，車両全体の70%と言われています。残りの30%は協力部品メーカーの開発力に依存しているわけです。窓ガラスはガラスメーカー，タイヤはタイヤメーカー，バッテリーは電池メーカーが開発製造しています。また，ヘッドランプはランプメーカーというように多くの部品メーカーが開発協力をしているのです。

013 自動車メーカーのドメイン

内製開発の割合

	自動車メーカー	協力部品メーカー
日本	70%	30%
米国	93%	7％
欧州	84%	16%

日本：戦後の労働力不足のため
米国：規模の経済を追求するために，高度な集中化
欧州：昔からの馬車製造での分業体制を維持したため

一方で，米国では自動車メーカーが93％もの開発を行い，欧州では84％となっています。それには，各地域での産業の成り立ちに原因があります。

自動車は，馬車の動力だった馬の代わりにエンジンを取り付けるといった発想から生まれました。欧州では古くから馬車製造が行われており，部品ごとに専門の業者が存在していました。これに対して，同様の馬車文化をもっていた米国では，市場が大きかったことから**規模の経済**（大量に生産すると１個当たりのコストが下がること）を追求するために高度な集中化をしました。このため，メーカーの内製率が非常に高くなったのです。

ただし，第二次大戦後に自動車産業が本格的に発達した日本では，敗戦による労働力の不足によって，自動車メーカー内だけでの開発力に限度がありました。このため，開発の多くの部分を協力部品メーカーに依存したのです。

このように，産業が生まれた時代の前提条件によってもドメインは左右されますが，基本的には自社独自でドメインを決めて創業するのが一般的で，その後の環境変化に応じて，ドメインを変更することがあるのです。

014 ドメインの物理的定義と機能的定義
一企業活動の基本的考え方 3

Key Words 選択と集中

自社のドメインを決定する場合に，2つの考え方があります。

1つは，自分たちが扱う商品やサービスそのものを具体的に見て，それらをドメインとして表現する方法です。これを物理的定義と呼びましょう。一方，自分たちの扱う製品やサービスによって顧客にどのような機能を提供できるのか，をドメインとして表現する方法もあります。これを機能的定義と呼びます。

自社のドメインを決定する際に，どちらの方法を採用するかはそれぞれの企業の自由です。現実の企業活動を観察していると，ドメインを物理的に定義付けているなと思える企業もありますし，機能的な定義付けをしているなと思える企業もあります。

一例を挙げてみましょう。1999年の7月に日産自動車の実質的な社長となったカルロス・ゴーンは，日産が保有していた自動車事業以外の事業群の中から**選択と集中**をすることになりました。豊田織機の一部門が独立してトヨタ自動車が誕生した事実は有名ですが，日産もトヨタと同様に自動織機事業を展開していました。また，宇宙ロケット部品や防衛関連製品を製造していた宇宙航空部門も抱えていました。ゴーンは自動車事業と関連のないこうした事業を売却し，自社の経営資源を自動車事業に集中したのです。また，資本関係にあった大型トラック専門メーカーの日産ディーゼル社の株式を売却することで，乗用車を主体とした自動車事業に専念することを明らかにしました。こうした動きからは，日産が自社のドメインを「乗用車を主体とした自動車」の製造販売に限定したということが推察できるでしょう。

一方で，第二次世界大戦の敗戦から間もない1947年に，自転車に取り付ける50ccの補助エンジンの製造販売から事業を始めたホンダは，49年には98ccのエンジンを積んだオートバイを製造し，自動二輪事業に進出しました。53年には早くも汎用エンジンの製造，そして59年には耕運機の製造販売を始めることで，汎用製品事業へと乗り出しています。そして，当時の通商産業省

014 ドメインの物理的定義と機能的定義

▶現実の企業がどちらの定義を採用しているか？

日　産：1999年以来，自動車事業以外を売却
自社のドメインは「自動車というモノ」

ホンダ：小型ジェット機や宇宙事業へ多角化
自社のドメインは「移動という機能」

の政策に異を唱える形で，63年には四輪（自動車）事業に参入しました。これが日本で最も新しい自動車メーカーの誕生でした。

ホンダの新規事業開拓はさらに続きます。2010年には独自開発した小型ジェット機の型式認定飛行を米国で成功させ，2013年から販売を開始しています。さらには，宇宙事業にも参入しようとしています（2022年現在)。このようなホンダの事業活動を長期的に眺めていると，彼らが自社のドメインを「移動あるいは人やモノを運ぶという機能」を顧客に提供すること，としているように見受けられるのです。

以上のように，物理的定義によってドメインを決定する企業は，自社の事業・戦略領域を比較的狭く設定し，そこに経営資源を集中的に投入することになります。一方，機能的定義によってドメインを決定する企業は，環境や技術の変化によって多様な事業に進出することが可能になります。

ただし，無理なドメインの拡大は健全な事業運営の障害となるのは言うまでもありません。

第2章 ポイント

① 自社がある程度操作できるものがミクロ環境

② 経営理念やビジョンも広義の戦略

③ ドメインを物理的に決定するか，機能的に決定するか

参考文献

藤本隆宏・クラーク，キム B.（1993）『製品開発力：日米欧自動車メーカー20社の詳細調査　実証研究』ダイヤモンド社。

橋本寿朗（2001）『戦後日本経済の成長構造：企業システムと産業政策の分析』有斐閣。

今沢真（2016）『東芝不正会計：底なしの闇』毎日新聞出版。

伊丹敬之・加護野忠男（2003）『ゼミナール経営学入門　第3版』日本経済新聞社。

高巖（2008）「CSRと企業倫理」大久保和孝・高巖・秋山をね・足達英一郎・深田静夫ほか『会社員のためのCSR入門』第一法規，30-53頁。

楠木建（2012）『ストーリーとしての競争戦略：優れた戦略の条件』東洋経済新報社。

延岡健太郎（2002）『製品開発の知識』日経文庫。

大久保和孝（2008）「CSRの根底にあるもの」大久保和孝・高巖・秋山をね・足達英一郎・深田静夫ほか『会社員のためのCSR入門』第一法規，8-29頁。

大前研一（1984）『ストラテジック・マインド：変革期の企業戦略論』プレジデント社。

榊原清則（2002）『経営学入門：上・下』日経文庫。

榊原清則（1992）『企業ドメインの戦略論：構想の大きな会社とは』中公新書。

シュムペーター，A.S.（1977）『経済発展の理論：企業者利潤・資本・信用・利子および景気の回転に関する一研究：上・下』岩波文庫。

第3章

成長戦略

☞創業したばかりの企業は，その規模が小さいのが普通です。そのような企業が大きくなりたいと考えて，成長戦略を展開することになります。

☞この章では，企業が成長したいと考える理由を経済学的なアプローチで理解し，企業が成長することで享受できる規模の経済と範囲の経済という費用低減効果を学びます。企業はこうした経済効果を利用したいと考えて成長戦略を展開する，と考えるのも興味深いものがあります。

☞また視点を変えて，製品の軸と市場ニーズの軸によって4つに分類された成長戦略のそれぞれ異なった方向性を知ります。そして，その中でも展開することが困難な多角化という成長戦略に必要となる論理を理解します。

015 小さいことは不利になる

―なぜ成長したいのか1

Key Words 固定費，変動費，費用の最小単位

皆さんがよく知っている企業の大多数は，「売上高が大きい」したがって「利益額も大きい」，あるいは「従業員数が多い」といった企業でしょう。一般に大企業は，その活動が新聞に取り上げられたり，TVコマーシャルでその企業が提供する製品やサービスを宣伝することが多いものです。こうした理由で，皆さんの目にふれる機会が多いことから，「企業は大きいものだ」という感覚が生まれる傾向があります。

しかし，よく考えてみましょう。企業どうしが合併してまったく新しい名称の企業が生まれる場合を除いて，生まれたばかりの企業はすべて小さいものです。2012年5月に上場したMeta Platforms（旧facebook）社は，上場によって約184億ドルもの資金を調達することができました。ところがこの会社の起源は，2004年マーク・ザッカーバーグ氏（2022年現在　CEO）が，ハーバード大学在学中に友人たち数人と始めた交流サイトでした。

ここからは，企業の経営者がなぜ自社を大きくしたいと考えるのかを探っていきましょう。その答えの1つとして，たくさん儲けて贅沢な生活がしたいから，と考えるのは自然なことです。しかし，ここでは企業のコスト，特に固定費に注目して考えていきましょう。

皆さんが友人たち数人と会社を設立した，と仮定してください。通勤に便利で，自分たちの潜在顧客の多く居そうな場所の近くを選んで，オフィス用のスペースを借りることになります。小さなマンションの一室を賃借するというケースが多いようです。各自がもっている携帯電話だけでは仕事に不便ですから，固定電話を設置します。パソコンも必要でしょう。仕事中は電気を使います。ガスでお湯を沸かしてコーヒーを飲み，場合によっては遅くまで仕事をしている関係で，バスルームでシャワーを浴びることもあるでしょう。

しかし，まだまだ売上が生まれてこない状況が続きます。すなわち，顧客に提供する製品やサービスをまったく生産していないにもかかわらず，オフィス

015 成長指向の理由

- 企業が小さいと……
  売上高に直接貢献しない固定費の比率が大きい
- 事業運営に必要なさまざまな固定費の最小単位の規模がそれぞれに決まっている
- 企業が大きくなると各固定費の割合が満足できるレベルに収まる

の家賃，電話料金，水道光熱費がかかります。こうした費用を**固定費**と呼びましょう。製品やサービスを生産していないにもかかわらず，固定的に発生する費用だからです。製品やサービスの生産に直接必要な費用は**変動費**と呼ばれ，1個作れば1単位，2個作れば2単位というように，生産数量に比例してその額が大きくなりますが，固定費は常に一定額が発生します。

企業の売上高が小さい，すなわち規模が小さいということは，売上高のもとになる製品やサービスを生産するために直接必要な変動費に対して，固定費の比率が大きいことを意味します。さらに，企業規模が小さいことから，使用する固定費の絶対量が小さい場合，費用のうちの基本料金部分に相当する**費用の最小単位**の比率が大きくなります。すなわち，使用しないのに必然的に支払わなくてはならない経費の比率が大きいわけです。

そこで，企業の経営者は製品やサービス1個当たりに占める固定費のうちの最小単位の比率を低下させ，さらに変動費に対する固定費の比率を低下させるために，自社を大きく成長させようと考えるのです。

016 規模の経済 ―なぜ成長したいのか2

Key Words 経済的，1個（1単位）当たりの生産費用

企業が成長して商品やサービスの生産規模が大きくなると，規模の経済という現象が生じてきます。ここで使われている経済という言葉は，**経済的**である，あるいは節約できる，という意味です。すなわち規模の経済とは，生産規模が大きくなればなるほど，製品やサービスの**1個（1単位）当たりの生産費用**が低下する（節約できる）ことを意味します。

本社部門と生産部門（工場）が同じ敷地内にある製造業を営むこぢんまりした企業を想定しましょう。本社部門の人事や経理の部署で働く従業員は，正規社員であり月給制で働いていると仮定しましょう。生産部門である工場では，何台かの機械を稼働させながら，ごく一部の正規社員を除いて多くが時間給で働く非正規社員の人々だと仮定します。

世の中の景気が悪くて，ある月間の生産量が仮に0だったとしましょう。この場合には，工場はまったく稼働していませんから，そこでの費用がまったく発生しないと考えます。一方で，工場での生産活動をしていなくとも，人事や経理部署の人々は企業を維持させるために働いていますから，人件費をはじめとして電気料金や水道料金などが発生します。これが，図に示した固定費Cの部分です。固定費Cは生産量が0であろうが，生産量がQや2Qという値にまで増加しても，一定の金額でしか発生しません。すなわち，その金額が一定だから固定費と呼ばれるわけです。

一方，生産量が0のときには0であった変動費（時間給としての人件費や原材料費など）は，生産量の増加に比例して増えていきます。企業の規模を大きくしなくとも，一定限度までなら生産量を増加することができます。すなわち，企業規模を維持しながらも生産規模を拡大すると，一般的には固定費は一定で，変動費だけが増加するという現象が現れます。ただし，さらに生産量を増やすためには企業の規模を大きくしなくてはなりませんから，固定費の絶対額が変化することになります。

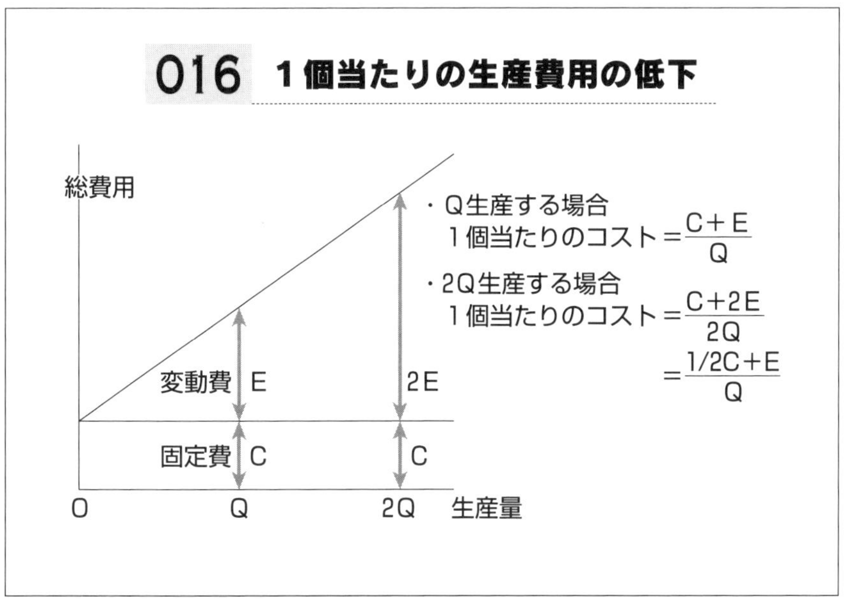

図のグラフでは，生産量Qのときの固定費はCで変動費はEとなり，その合計が生産に必要な総費用となります。また生産量が2Qに増加すると，固定費はCのままで変化しませんが，変動費は生産量の増加に比例して2Eへと2倍に増加します。

ここからは，規模の経済を計算式で説明しましょう。生産量Qの場合の1個（1単位）当たりの総費用は，固定費Cと変動費Eを合計したものを生産量Qで割ったものになります。

一方，生産量2Qの場合の1個（1単位）当たりの総費用は，固定費Cと変動費2Eを合計したものを生産量2Qで割ったものになります。C+2Eを2Qで割るということは，簡略化すると1/2C+EをQで割ることに等しくなります。このことから明らかに，生産量Qの場合よりも生産量2Qの場合のほうが，1個当たりの総費用が小さくなることが分かります。

すなわち，売上の拡大を目指して生産規模が大きくなると，規模の経済が働いて，1個（1単位）当たりの生産費用を低下させることができるのです。

017 範囲の経済 —なぜ成長したいのか 3

Key Words M&A，シナジー（相乗）効果，多角化，未利用資源

企業の規模を大きくするには，合併や買収（**M&A**：Merger & Acquisition）という方法もあります。同業種の企業どうしが，M&Aをすることによって規模が大きくなると，規模の経済が働くだろうということは容易に想像できます。ところが，同業種はもちろんのこと異業種の企業どうしが統合して，規模が大きくなる場合にも，規模の経済とは別の要因で費用が低下することがあります。すなわち，統合前の２社であったときのそれぞれの企業の費用の合計より，統合後の企業の費用が低下する効果のことを，範囲の経済と呼びます。

範囲の経済が生じる要因を考えてみましょう。最も理解しやすい例は，統合後の企業の固定費の重複部分が解消されて，固定費そのものが低下する効果です。統合前のA社で人事部員が５名，同じくB社で４名の人事部員がいた場合，統合後にAB社となった企業の人事部員は合計９名となります。統合直後は何かと混乱がありますが，組織も仕事も落ち着いてくると，規模が大きくなったとはいえ，AB社内で人事部員が９名も必要でないことに気付くようになります。２社でそれぞれ行っていた業務を統合して，担当者を再配置することで余剰となる人員が生じるからです。

以上のような固定費の削減効果以外にもさらに詳しく分類してみると，以下のような**シナジー（相乗）効果**によって費用の低下が実現できることが分かります。なお，前述の人事部員の削減事例は，以下の分類では操業シナジーと言うことができます。

販売シナジー：共通の流通経路や管理システムの重複部分の解消
操業シナジー：製造設備と作業員の有効活用
　　　　　　　さらに，経験曲線効果の転用（次項で詳述します）
投資シナジー：生産設備や工具備品の共用化による重複部分の解消
経営シナジー：経営能力面で蓄積された経験を統合後の経営に活用できる

017 範囲の経済が起きる要因

- 企業統合（M&A）の場合
  - ・主として，固定費の重複部分の削減効果
- 多角化の場合
  - ・未利用資源の有効活用

見方を変えると，以上のようなシナジーが期待できないM&Aは，実行する意味がないことが多いと言えるでしょう。

M&Aに限らず，企業が**多角化**によって成長を目指す場合にも，範囲の経済が利用できるとうまくいく場合があります。こうした効果は，企業の**未利用資源**が活用されることによって得られます。一般に，企業は自社が保有する経営資源のすべてを活用できているわけではありません。ですから，現在の事業だけでは利用できない廃棄物や副産物，研究開発の過程で生まれた派生技術，あるいは過去に取得した土地で遊休化している未利用資源を有効活用できると，範囲の経済が生じることになります。

廃棄物や副産物を原料として新しい事業領域に進出したり，派生技術で従来とは異なった市場向けの新製品を開発したり，新たに進出する多角化事業で遊休の土地を利用することなどはもちろんのこと，既存の事業で確立させたブランドという経営資源は，多角化部門においても事業を効果的に推進する範囲の経済の源泉となります。

018 経験曲線 ―経験曲線効果を知る1

Key Words 累積生産量，生産費用

人が何か新しいことを始める場合，最初はうまくできないけれど，正しく練習・訓練を積むと，時間の経過とともにうまくできるようになります。仕事にいそしむ場合も同様で，初めは試行錯誤していた仕事も，時間の経過とともにうまくこなせるようになり，効率が上がります。

さまざまな生産現場での実地調査によって，**累積生産量**が2倍になるごとに，その製品の1個（1単位）当たりの**生産費用**が，2～3割程度低下することが経験的に分かってきました。累積生産量の拡大とは，企業がまさに成長している状態と言えます。こうした累積生産量の拡大に応じた生産費用の低下の様子を表したグラフが，経験曲線と呼ばれるものです。

右のグラフの縦軸は生産費用の金額表示です。通貨はどのようなものでもかまいませんし，金額の数字も単なる例だと理解してください。このグラフを見るポイントは，最初の1個を作り始めてからの累積生産量が2倍になるごとに，コストが2～3割程度低下することです。グラフ上で，累積生産量が100のときの生産費用は，50のときのコストより2割低下しています。300のときの生産費用は，150のときよりやはり2割低下している様子を表しています。

これまで世の中に存在しなかったまったく新しい製品が市場に投入される際の販売価格は，一般人には高価に映ります。しかし，時間の経過とともに販売価格が低下してくるために，購買層も広がってきます。電子レンジや薄型TVなどは，市場に投入された当初は非常に高価な製品でしたが，現在（2022年）では入手しやすい価格に落ちついています。

こうした製品の販売価格の低下という日常的な現象から，メーカー内で経験曲線効果が生まれている様子を論理的に導いてみましょう。

市場において製品の販売価格が一定のパターンで低下しているならば，最も高いシェアをもつトップ企業の社内では，その製品の生産費用も似たようなパターンで低下しているだろう，という仮説を立てることができます。そして，

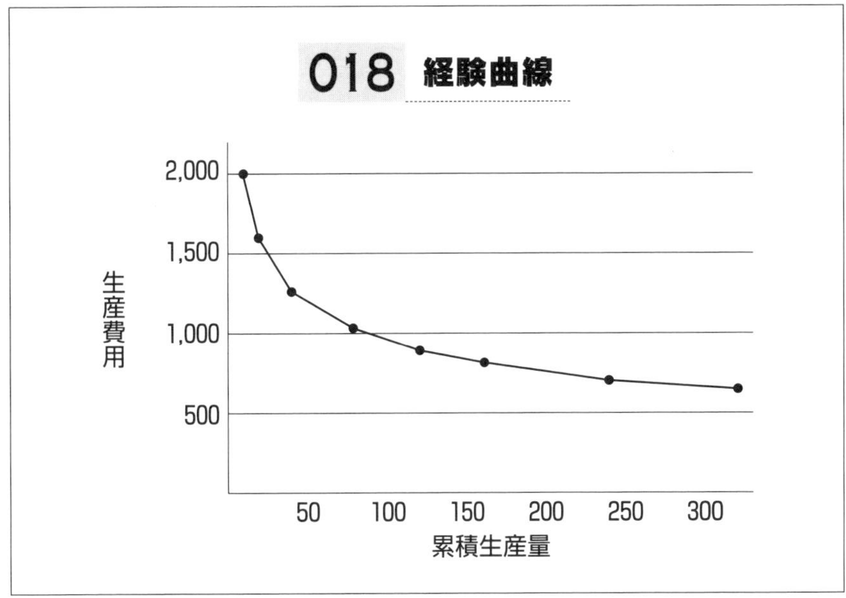

この仮説が正しいだろうと考えられる根拠は次のようなものです。

◆費用の低下が販売価格の低下より鈍い（費用があまり低下しない）ならば，その製品に関する事業は赤字化してしまいます。
すなわち，企業はそのような販売価格を設定しないと考えられます。

◆費用の低下が販売価格の低下より急激（費用がより低下する）ならば，確実に利益を得ることができるため，多くの新規参入業者が現れて，時間の経過とともに供給過剰となり，ある時点で価格が暴落します。
すなわち，それほど費用の低下は起きていないと考えられます。

製品によっては，多角化による新規参入業者が売上拡大だけを狙ったために過当競争となり，製品価格が暴落することも例外的にありますが，一般的には企業内での生産費用の低下に応じた販売価格の低下という現象が起きていると考えるのが妥当です。

019 経験曲線効果を生み出す要因

—経験曲線効果を知る 2

Key Words 習熟，標準化，改善・改良

経験曲線効果がどのような現象であるのかの理解はできました。それでは，経験的には理解できるこのような現象が生じる要因について，詳しく検討していきましょう。

◆**習熟**による作業者の能率向上

固定給で生産に従事する作業者の能率が向上する場合です。簡単な作業ならば，１カ月もすると習熟の頂点に達しますが，高度な技術を必要とする作業ならば，５年10年をかけて匠の技に到達するでしょう。決められた期間に一定の給与で20個生産できていた作業者が，習熟することで30個生産できるようになれば，１個当たりに負荷される人件費は低下します。

◆作業の**標準化**と作業方法の改善

新しい製品を生産する場合，事前に周到な準備をしていても，作業者の仕事の進め方がバラバラになり，非効率が生まれます。また，事前の作業計画通りに仕事を進めるのですが，想定外の事態に遭遇することもあります。こうしたさまざまな経験を経て作業方法が改善され標準化されることで，生産効率が向上し費用が低下することになります。

◆生産工程の**改善・改良**

決められた工程で製品を生産していても，一定期間を経過すると工程そのものを変更することで，生産効率が向上する場合があります。この効果は長期的に見た場合に現れるものです。

◆生産設備の能率向上

この効果も長期的に見た場合に現れます。生産設備は，その設備を開発・製造する企業によって改善されます。設備の更新はそれほど頻繁に行われるものではありませんが，新しい設備に更新することで生産効率が向上するのは一般的なことでしょう。

019 経験曲線効果を生み出す要因

- 習熟による作業者の能率向上
- 作業の標準化と作業方法の改善
- 生産工程の改善・改良
- 生産設備の能率向上
- 活用資源ミックスの変化
- 製品の標準化
- 製品設計の合理化　など

◆活用資源ミックスの変化

活用資源とは，原材料や部品などを示します。製品の生産を続けていると，他社から供給される原材料や部品が，高品質になったにもかかわらず購入価格が低下することがあります。こうした高品質・低価格の資源の組み合わせに変更することで，生産費用を下げることができます。

◆製品の標準化

手作りの製品の中には，十分に価値のあるものが多数存在します。こうした製品は，時間をかけて丹念に生産しているために量産できず，生産費用が高いのが一般的です。こうした製品を標準化することで大量に生産することが可能となり，費用の低下が見込めるのです。

◆製品設計の合理化

原材料や技術の進歩によって，同じ機能を発揮する製品ながら，設計を簡素化したり，小型化することができます。部品点数が削減されることで原材料費の低下が見込まれ，さらに生産工程が簡素化されることから生産費用が低下します。

020 成長の方向性 ―製品と市場のマトリクス1

Key Words 市場浸透，製品開発，市場開発，多角化

企業が供給する製品（サービス）と，それらが販売される市場のニーズを検討対象として，企業の成長戦略を考えてみましょう。

◆市場浸透

企業は「現在の市場ニーズ」を満たす「現在の製品」で事業活動を行っています。こうした状況の中で自社が成長するためには，販売量の拡大を目指す必要があります。市場そのものが拡大傾向にある産業ならば，他社との競争をあまり気にせず成長できます。ただし，そのような状態は長く続かないのが一般的ですから，他社のシェアを奪うことによって成長を達成する必要があります。これが市場浸透です。成熟した市場で企業が成長するためには，この市場浸透という戦略をとることになります。

◆製品開発

現在の市場ニーズに対して，まったく新しい製品を投入することで成長を図る方法があります。これが製品開発という戦略です。他社に先駆けて新しい概念の製品を市場に投入することで，いち早く市場ニーズを満足させることができると，販売量も増加し成長することが可能になります。

◆市場開発

現在の製品で新しい市場ニーズに対応するのが市場開発という戦略です。現在の製品で現在の市場ニーズに対応しても，競争が激しく成長が望めないなら，新しい市場ニーズに対応するように市場開発をして成長を目指すことになります。

◆多角化

新しい製品で新しい市場ニーズに対応する多角化は，企業の成長戦略の中でも特異で難しい戦略と言えるでしょう。新しい市場ニーズを満足させるような新しい製品を開発して市場投入し，成長を志向することになります。

020 製品と市場のマトリクス

市場ニーズ＼製品	現　在	新　規
現　在	市場浸透	製品開発
新　規	市場開発	多角化

前述の３つの戦略は，現状の事業活動の延長線上にあることでシナジー（相乗）効果を活用できますが，多角化は一般的にはこのシナジーを利用できないがゆえに，比較的難しい戦略と言えるのです。

日本の自動車メーカーの特徴的な戦略を例に挙げて，これら４つの戦略がどのように具現化されているのかを紹介しましょう。

2022年現在，日本の自動車市場はすでに成熟していますので，すべての日本メーカーは日本市場で市場浸透戦略を継続中です。ハイブリッド車で先行したトヨタは，他社に後れはしましたが多品種の電気自動車の市場投入を狙っています。ニッサンは日本市場で苦戦していたために，中国やロシアという新しい市場ニーズに対して市場開発戦略を採用しつつ，電気自動車への本格参入を目指しています。ホンダは乗用車市場のシェアを維持しつつ，アメリカのプライベート・ジェットに対するニーズに対応して，小型ジェット機を自主開発して市場投入する，という多角化戦略を採っていると言えるでしょう。

021 多角化の論理　―製品と市場のマトリクス2

Key Words 拡大化，範囲の経済，リスクの分散，成長の経済

現在の市場ニーズや現在の製品を維持しながら，市場浸透する，製品開発する，市場開発するという３つの戦略は，従来からの活動とのシナジーを利用できます。それぞれ，現在の製品で現在の市場ニーズに適合しながらシェアを拡大する，現在の市場ニーズに応じて製品系列を拡大する，現在の製品を販売しながら新たな市場を開発するというように，企業にとっての「現在」の市場ニーズや製品が何らかの形で利用できるからです。それゆえにこうした戦略は，自社を成長させるための**拡大化**の戦略と総称することができるでしょう。

一方，多角化は新しい市場ニーズに新しい製品で適合していくわけですから，一般的には既存事業からのシナジーを利用できません。多角化する企業は，シナジーを利用できないという意味でリスクが高い状況の中で，多角化を遂行しなければなりません。

それゆえに多角化する場合には，既存事業と多角化事業に何らかの良い組み合わせが欲しいものです。これが，企業にとって必要となる多角化の論理と言われるものです。この論理は，拡大化の際に利用できるシナジーに相当する効果と言えるでしょう。

◆範囲の経済

企業が多角化する場合に範囲の経済が利用できるならば，多角化は有利に働きます。既存事業から生じる副産物や既存事業の遊休資産が多角化事業で資源として利用できるなら，それが範囲の経済となって多角化事業が成功する確率が高まります。

◆リスクの分散

環境の変化によって，既存事業が大きなダメージを受ける場合があります。既存事業が，どのような環境のときにダメージを受けやすいかを事前に把握していると，そのような環境変化の際に，むしろ事業が成長するような

021 多角化の論理

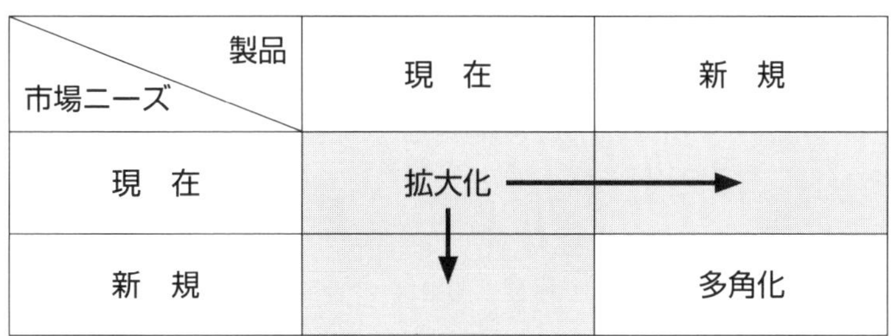

◆範囲の経済　：既存事業の副産物・遊休資産の利用
◆リスクの分散：既存事業の環境変化を相殺する
◆成長の経済　：既存事業の拡大だけでは無理な場合

分野に多角化しておくと，企業は環境変化の影響を小さくすることができます。季節変動の激しい事業を行っている企業が，その変動を相殺する事業を新規展開することもリスクの分散という意味で同様の考え方です。

◆**成長の経済**（成長していることで享受できる経済）

既存事業の運営だけでは成長が鈍化して，成長の経済の恩恵が受けられない場合，多角化することで成長の経済を回復することが可能になります。ただし，この場合は多角化のリスクが低減されているわけではないために，成長の経済を追求しただけの安易な多角化は慎むべきでしょう。

バブル経済期の日本企業の多くは，どのような領域に多角化しても儲かるだろうという勢いで，本業とはまったく無関係で，しかも多角化の論理をまったく考慮しない無謀な多角化をしていました。特に，土地の値上がりを見込んだ不動産事業への多角化や，余暇の増大という幻想からのレジャー産業への多角化が多く見られました。しかし，バブルの崩壊とともに収益力を失い，選択と集中の考え方によって，多くの企業は多角化事業から撤退したのです。

022 SWOT分析 ―成長の可能性を分析する

Key Words 強み，弱み，機会，脅威

製品と市場のマトリクスで成長の可能性を検討する以外にも，自社と環境の関係性を分析することで，成長の可能性を分析できる方法があります。それがSWOT分析です。

自社内の状況を内部環境と呼びましょう。自社内には「**強み**（Strength）」もあれば「**弱み**（Weakness）」も当然ながら存在します。どのような企業にもその企業なりの強みと弱みがある，と考えるのは自然なことでしょう。その企業が戦略を策定する場合，外部環境の分析を行うことになりますが，この外部環境も自社にとっての「**機会**（Opportunity）」と「**脅威**（Threat）」というようにシンプルに二分してみましょう。

自社の経営資源や組織能力を強み（S）と弱み（W）というシンプルな対立概念で把握するのは乱暴なようです。しかし，これら２つの要素と外部環境要素である機会（O）と脅威（T）の２つの要素によって構成されるマトリクスで分析する手法は，シンプルであるがゆえに実務家にとって理解しやすいものになります。こうしたマトリクス分析をSWOT分析と呼びます。

SWOT分析の手順は次のようになります。すなわち，外部環境の中で自社にとって機会（O）となるものと，逆に脅威（T）になるものを分析・分類します。環境が変化している過程では，従来の自社の強みが逆に足かせになる危険性もあることから，自社の強み（S）と弱み（W）を確定させる前に，外部環境分析をしておくことが重要となります。

SWOTで構成される各マトリクスには，自社の現状がそれぞれ分析，反映されることになり，この現状に対する基本戦略シナリオの考え方が図のようになります。図では，電気自動車の登場以降においてもハイブリッド車の販売が好調である事実をもとに，シンプルなSWOT分析を行った事例です。実際には，SWOTの各セルに入る要素はもっと多くなるでしょうし，対策セルに記述される対策案もさらに詳細なものになるでしょう。

022 SWOT分析から戦略シナリオへ

外部環境 ＼ 内部環境	機会（Opportunity） ・低炭素社会の実現	脅威（Threat） ・世界経済の先行き不透明
強み（Strength） ・プラグイン・ハイブリッド車あり	（対策）強みを生かして機会を捉える ・プラグイン・ハイブリッド車の増産・拡販 ・プラグイン・ハイブリッド技術から電気自動車技術への展開	（対策）強みを生かして脅威に対処する ・プラグイン・ハイブリッド車の世界的な拡販
弱み（Weakness） ・電気自動車の開発遅れ	（対策）弱みを克服して機会を捉える ・電気自動車の開発 ・燃料電池車の開発	（対策）弱みを克服して脅威に対処する ・プラグイン・ハイブリッド車の世界的な拡販 ・電気自動車の開発促進 ・燃料電池車の開発促進

図のSWOT分析は，2022年時点でのトヨタの状況を想定して図示したもので，電気自動車をもたない弱み（Weakness）で示された２つの象限に対して，トヨタは近い将来世界市場に対して電気自動車を市場導入することを発表しています。さらには，燃料電池車やプラグイン・ハイブリッド車へも同時に注力することを明言しています。

駐車中に外部電力で充電できるプラグイン・ハイブリッド車は，従来のハイブリッド車並みの走行距離と電気自動車に近い環境性能を発揮できます。日本の現状では，まだまだ充電インフラが整っているとは言い難いのですが，プラグイン・ハイブリッド技術の延長線上にトヨタの電気自動車の開発があったと考えられるのです。

電池技術がさらに進歩し充電性能が格段に向上するならば，これからのクルマの主流が電気自動車となることは，そう遠くはないでしょう。

このようにSWOT分析は戦略決定に利用できるシンプルな道具としての役割を担っていますが，当然ながら成長戦略のみならず，競争戦略の分析手法としも利用できるものです。

第3章 ポイント

① 生産規模が拡大すると１個当たりの生産費用が低下するのが，規模の経済

② 累積生産量が増加すると生産費用が低下することが，経験曲線効果

③ 範囲の経済が利用できるならば，多角化は有利に働く

参考文献

アンゾフ，H.I.（1990）『最新・戦略経営：戦略作成・実行の展開とプロセス』産能大学出版部。

アンゾフ，H.I.（1969）『企業戦略論』産業能率短期大学出版部。

青木昌彦・伊丹敬之（1985）『企業の経済学』岩波書店。

エイベル，デレック F.・ハモンド，ジョン S.（1982）『戦略市場計画』ダイヤモンド社。

ヘンダーソン，B.D.（1981）『経営戦略の核心』ダイヤモンド社。

伊丹敬之・加護野忠男（2003）『ゼミナール経営学入門　第３版』日本経済新聞社。

加護野忠男・井上達彦（2004）『事業システム戦略：事業の仕組みと競争優位』，有斐閣アルマ。

宮沢健一（1988）『業際化と情報化：産業社会へのインパクト』有斐閣リブレ20。

ペンローズ，エディス（2010）『企業成長の理論　第３版』ダイヤモンド社。

ウィリアムソン，O.E.（1980）『市場と企業組織』日本評論社。

第4章

成長戦略の論理

☞企業はその成長の歴史の過程で，さまざまに多角化することがあります。そうした多角化事業が本来の事業とシナジーがある場合は，特に問題はありません。しかし，単なる成長志向だけで多角化を繰り返した企業の各々の事業には，問題が多いものです。

☞こうした問題を含んだ事業群の中から，企業にとって現在の利益を生み出すものと，将来の利益を生み出すであろう潜在力のある事業を選択し，それらの事業に経営資源を集中することが重要になります。選択と集中の決定は経営者にとって難しい仕事になりますが，この判断の手助けとなる手法がPPM分析です。

☞さらに，手っ取り早い成長の方法があります。それがM&Aでしょう。本章の最後ではM&Aを取り巻く課題を検討します。

023 シナジー効果の欠如 —多角化の弊害1

Key Words 相補効果，相乗効果，静的シナジー，動的シナジー

すでに記述したように，バブル経済期の多くの日本企業は多角化の論理を考慮せずに，無謀な多角化を行っていました。しかし，こうした無謀な多角化以外にも，それぞれの企業は自社がもつそれぞれの要因や動機から，さまざまな多角化をしてきました。

同族会社に有りがちですが，一族の中の一員を経済的に独立させるために用意した多角化事業，企業内部に十分な技術やブランド力という経営資源が蓄積されたことから，起業家精神旺盛に多角化に打ってでる企業，自社の信用力を背景にして多額の資金を借り入れて新事業に乗り出す企業，あるいは同業他社が何らかの理由で多角化事業に乗り出したために，対抗上同じような事業に多角化する企業など，企業が多角化する動機はさまざまでしょう。

こうした多角化事業と従来からの事業が，範囲の経済を利用できているならば，多角化事業が成功する確率は高まります。こうした効果を一般にシナジーと呼びました。しかし，さらに詳しく考察していくと，シナジーには２つの側面があることに注意する必要があるでしょう。それらは**相補効果**（互いに補う効果）と**相乗効果**（本来のシナジー効果）とそれぞれ呼ばれるものになります。

従来からの事業で生まれた遊休地を利用して多角化する場合には，遊休地を利用する多角化事業が本業を補う役目を果たすことになりますから，相補効果と言うことができます。一方，日本の繊維産業が自社の蓄積した化学繊維の開発・製造技術を利用して，多方面の化学製品や炭素繊維などの開発・製造へと多角化した事例は，相乗効果と言えるでしょう。

この相乗効果をさらに細分化すると，静的な相乗効果（**静的シナジー**）と動的な相乗効果（**動的シナジー**）の２つに分けることができます。静的シナジーはここまで説明してきた一般的な相乗効果のことですが，一方の動的シナジーは，既存事業で生まれた経営資源を，多角化事業が後になって利用するという時間差のある相乗効果のことです。

023 シナジーの有無

シナジーがあれば，範囲の経済が生まれる

相補効果	相乗効果	
	静的シナジー	動的シナジー

現実には，シナジーのない多角化を繰り返して
採算の合わない多角化状態が出現する

だから、「選択と集中」が必要とされる

SEIKO ブランドの腕時計を製造する際の精密金属加工技術を，後に関連企業のエプソンは，インクジェット・プリンタの微細なインク噴出口の加工技術として利用しました。さらに，プリンタで培った正確なインク噴射技術を利用して，液晶画面のカラーフィルタの色彩加工技術を確立させています。自分達が開発し，さらに蓄積した技術を時間差で多角化事業に転用することは，動的シナジーの典型と言えるのです。

ただし，このようなシナジーが考慮されていない多角化の場合には，時間の経過とともに多角化事業の採算が悪化する場合があるでしょう。あるいは，多方面に多角化したためにそれら複数の多角化事業を含め，本業の採算も悪化する場合もあるものです。

そのような状況下で経営者が決断しなければならないのが，選択と集中です。どの事業（群）を売却したりあるいは撤退したり，どの事業（群）を自社に残すかという「選択」と，残した事業（群）を再生・成長させるために，それらに経営資源を「集中」して投入することが必要になるのです。

選択と集中のポイントは，次項で詳しく論じることにします。

024 選択と集中のポイント —多角化の弊害 2

Key Words **発展性，競争力，波及効果，差別化，活性化**

企業が多角化する場合には，既存事業と多角化事業の組み合わせを考慮する必要があるのは言うまでもありません。ここでは，どのような個別事業に進出するか，あるいはどのような事業（群）を残すかということを選択と呼びましょう。また，集中とはどの事業（群）に経営資源を集中投入するかを決定することとします。なお，これ以降は（群）を省略して，事業と表記します。

個別事業の選択には，次の３つの基準が利用できるでしょう。

◆ 新分野の**発展性**

一般的には成長・発展が見込める分野への多角化は，既存事業の将来における衰退のリスクをカバーする意味で重要となります。また，既存事業の技術の将来の方向性を決定する意味でも，発展性のある多角化分野の技術動向に注目する必要があります。

◆ 新分野での企業の**競争力**

第３章の020で示した製品と市場のマトリクスを参考にしながら考えていきましょう。すなわち，市場ニーズに主眼をおいて自社のマーケティング力などの競争力を発揮して多角化する場合，一般的には新分野に参入しやすいと考えられます。しかし，新しい技術の提案ができていないために，後に製品やサービスの差別化の面で，後発企業に模倣されて苦労するかもしれません。一方，競争力のある既存技術を利用して多角化する場合，新分野への参入には苦労することがあっても，いったん参入することができれば事業が成功する確率は高くなるでしょう。

◆ 新分野から企業全体への**波及効果**

新分野に多角化することで，その分野で獲得できた技術が既存事業へ良い影響を与えることがあります。この場合には，たとえ多角化事業そのものが失敗しても，事業の選択としては成功したことになります。

024 選択と集中のポイント

▶選択のポイント
- ◆新分野の発展性
- ◆新分野での企業の競争力
- ◆新分野から企業全体への波及効果

▶集中のポイント
- ◆どの事業に集中すると，「差別化」が図れるか
- ◆どの事業に集中すると，企業が「活性化」するか

では次に，選択した事業に経営資源を集中する際のポイントを考えていきましょう。

多角化を検討する際に，多角化とは正反対の意味をもつ集中を検討しなければならないことに大きな意味があります。企業が多角化の論理を無視して，限度を超えた多角化をしている場合が多くあるからです。また，競合の動きに横並びの多角化というものもあります。それゆえに，どの事業に経営資源を集中するかが重要な検討対象となるわけです。

この場合，どの事業に経営資源を集中すると競合との**差別化**が図れるかが重要なポイントとなります。多角化とはその事業領域への新規参入ということですから，差別化が図れていない事業の競争力は弱くなります。それゆえに，横並びの多角化は，最も避けるべき多角化と言えるでしょう。

さらに，どの事業に経営資源を集中すると，自社組織が**活性化**するのかを基準にすることも重要です。新分野での競争が従来からの事業に従事している従業員にも刺激を与え，自社全体が活性化することで従来事業と多角化事業とのシナジーが生まれるからです。

025 分析道具としての PPM —PPM 1

Key Words 市場の成長率，相対市場シェア，等差数列，等比数列

現状の企業活動の中で，どの事業を選択し，どのような経営資源の集中を行うかを決定する際に使える便利な手法があります。それが PPM（Product Portfolio Management）と呼ばれるものです。

PPM 図の構造を，ここから理解していきましょう。

縦軸は**市場の成長率**を表しています。上に行くほど成長率が高く，下に行くほど成長率が低いことを示しています。中間点は成長率10%と置くのが一般的ですが，市場環境の違いによって任意の成長率の数字を置いてもかまいません。横軸は**相対市場シェア**の数値です。左に行くほど大きく，右に行くほど小さくなります。中間点は必ず1.0とします。相対市場シェアとは，業界１位の事業なら業界２位の事業の何倍のシェアをもっているかを数値で示します。業界１位の相対市場シェアは必ず1.0以上となりますから，図の左側に位置付けられます。業界２位以下の事業は業界１位に対してどの程度の大きさであるかを1.0以下の小数で示します。それゆえに，業界２位以下の事業は必ず図の右側に位置することになります。

市場成長率を示す縦軸は通常の**等差数列**を使いますが，相対市場シェアの横軸は以下のような**等比数列**で表します。一方の事業が他方の事業に対して何倍か，あるいは何分の１かを1.0を中間点として表すのに便利だからです。

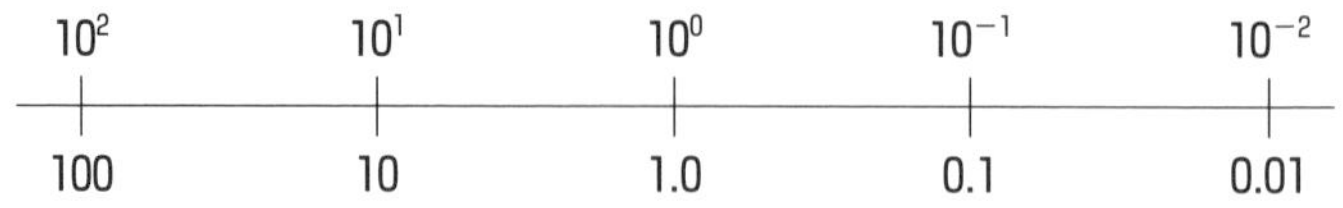

図中のそれぞれの円は１つの事業とその規模を表し，円の中心点が縦軸・横軸のそれぞれの値に対応する位置に配置されます。また，円の面積はその事業の売上高を示すことになります。大きな円は，その面積分の売上を立てている事業ということになります。

025 PPM図の構造

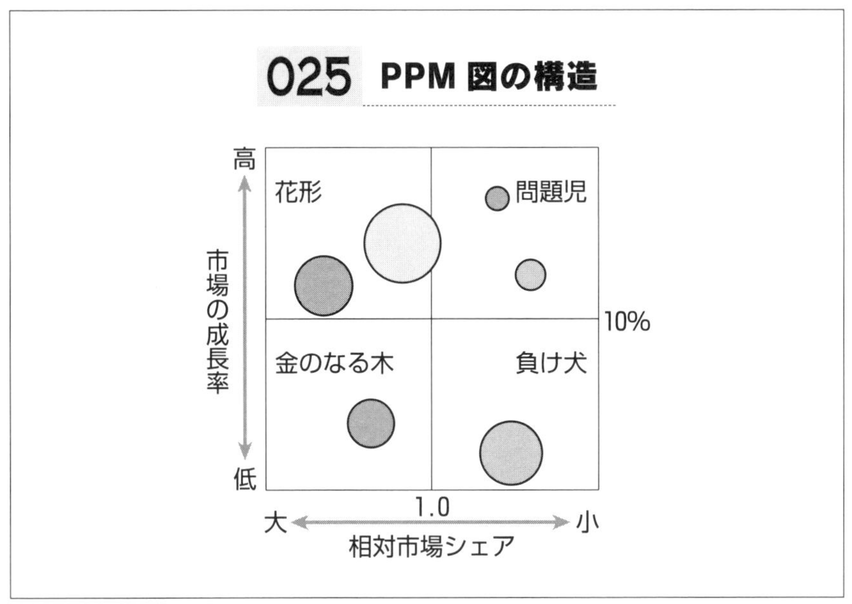

縦と横の中心線によって，図は４つの象限に分割されています。市場の成長率が高く，相対市場シェアが1.0以上を表す左上の象限から反時計回りに説明していきましょう。

左上の象限は，市場の成長率が高く業界１位の事業を表し，競争が激しい中で売上がトップですから，花形と呼ばれます。左下の象限は，金のなる木と呼ばれます。市場の成長が鈍化しているために経費の支出は小さいけれど，業界１位であることから売上が大きいためにこう呼ばれるのです。

右下の象限は，市場の成長率が鈍化している中で業界２位以下であるために，売上の伸びも期待できません。事業の継続そのものが問われることになります。このため，この象限は負け犬と呼ばれることになりました。一方，右上の象限では，業界２位以下にもかかわらず市場が成長していますから，今後の事業展開をどうするかが悩みどころです。努力次第でトップになることも可能ですし，脱落する危険性もあることから，この象限は問題児と呼ばれています。

それぞれの象限に位置する事業が展開すべき戦略は，次項で詳述することになります。

026 選択と集中の戦略 —PPM 2

Key Words 集中投入，育成，売却

広範囲に多角化している企業が，自社の事業に対して選択と集中の戦略を適用する場合，一般的には次のような考え方をすることになります。

花形，金のなる木の象限にある事業は，時間の経過とともに市場の成長率が鈍化していきますから，その位置が下の方向へと移行していきます（太い矢印の方向）。花形事業は当然ながら選択の対象として，時間の経過とともに金のなる木に移行するのを待ちます。金のなる木の象限では，業界１位の事業として大きな売上がある一方で，市場成長率が低くなったためにマーケティング費用などがそれほどかからなくなります。すなわち，大きな収入に対して小さな支出となるわけです。こうした事業は自社にとって有益な事業ですから，当然ながら選択の対象です。

次に，問題児の象限にある事業を選択対象とします。金のなる木の象限にある事業で獲得した現金を，それらに**集中投入**することを決定します。市場成長率が高いために競争が激しく，マーケティング費用などの現金が多く出ていく事業ですから，ここに経営資源を集中投入（細い矢印）して，問題児の事業を花形へと**育成**する戦略です。

この戦略の基本的考え方は，問題児の事業に資源を集中投入することによって，常に新しい花形事業を創り出すというものです。花形事業はいずれ市場成長率が鈍化して金のなる木の事業に変化していきますから，継続して問題児事業を花形事業へと育成させることができれば，企業として長期的な大きな収入が約束されるからです。

ただし，金のなる木の事業からの現金だけでは不足が出るかもしれません。そこで，負け犬の象限にある事業を**売却**して現金化し，その現金を問題児の事業に追加投入するということが考えられます。すなわち，負け犬事業を選択から外すという考え方です。欧米では事業の売買は頻繁に行われており，最近の日本でも事業の売買が一般化してきていますので，この考え方に違和感はない

026 選択と集中の戦略

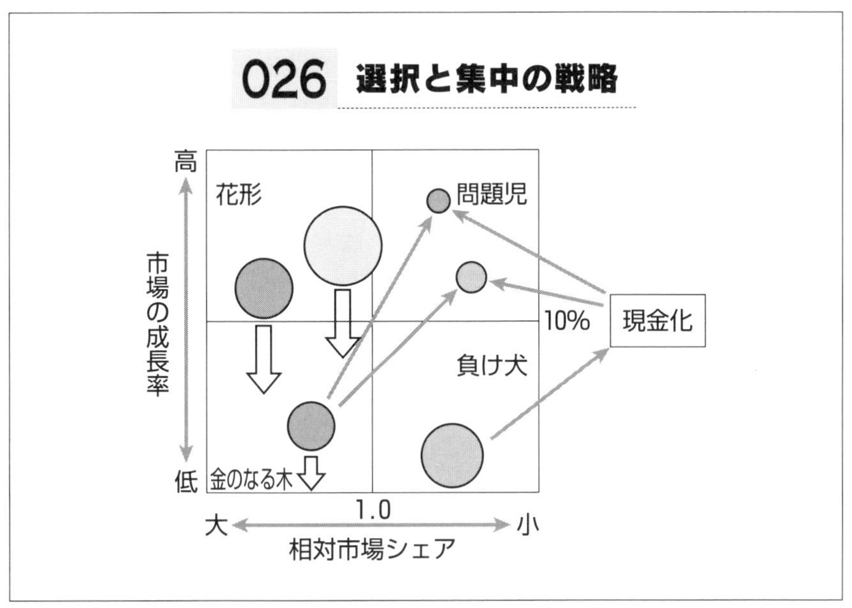

と思います。

ただし，このPPMによる選択と集中の戦略には注意しなければならないポイントがいくつかあります。

第１に，選択と集中を判断する材料はさまざまにあるでしょうが，PPMによる分析は現金の出入りのみを判断の基準としている点です。市場成長率が高いと競争が激しいために支出が多くなる。一方で市場成長率が鈍化すると支出が少なくなる，というように非常に単純化した考え方を採用しています。同様に，相対市場シェアが高い場合は収入が多く，低い場合は収入が少ない，というように非常に大雑把な分け方もしているのです。

第２に，現金は経営資源の中でも重要なものではありますが，その他の経営資源を一切無視して選択と集中を決定している点は，誤った判断を導くリスクをはらんでいると言えるでしょう。たとえば，負け犬の象限にある事業を売却することで，その事業で培ってきた重要な基礎技術を失ってしまう，というような致命的なリスクも生じるからです。

027 PPMを利用する —PPM 3

Key Words 販売戦略，自社の利益率，相対顧客満足度

ここまでは，多角化した企業の事業の選択と集中を実行するためのツールとして，PPMを議論してきました。一方でPPMの分析手法は，膨大な種類の製品群を保有する企業が利益の最大化を実現するために，自社製品群の選択と集中を検討する場合にも利用できるのです。

自社の成長とともに製品の種類を増やしてきた企業にとっては，どの製品も大切なものですから，各製品に対する**販売戦略**にメリハリを付けることがうまくいかないものです。そこでPPMの手法を使って，製品群の「選択と集中」を行います。これまで説明してきたように，PPM図は製品群の市場の成長率と相対市場シェアによって分類していきます。すべての製品群が，花形，金のなる木，負け犬，問題児の各象限に振り分けられることになるでしょう。

ここから新しいステップを加えていきます。すなわち，各象限に位置する製品群を各象限に置いたまま，それまでの軸から解き放ちます。そして，各象限内で新たに**自社の利益率**と**相対顧客満足度**（自社製品の顧客満足の程度）という2つの軸を利用して，6つの象限に分類していくのです。たとえば花形に位置する製品群の中にも，自社の利益率の高いもの，並みのもの，低いものがあるはずです。また，それら製品群も相対的に顧客からの満足度の高いもの，あるいは低いものがあります。

PPM図の4つの象限に配置された製品群の基本的な扱いは，すでに説明したように金のなる木製品で獲得した現金を問題児製品に投入して，花形に育てる努力をします。一方，負け犬製品はその部分の事業を売却して，問題児製品を育てる，ということになります。しかし，新しいステップとして各象限を6つに分割したことで，各製品群に対する扱いを細かく変化させる必要が生まれてきます。

製品群を選択するプロセスでは，自社にとって現金を生む製品群を優先することになりますから，花形製品群のなかでもAの象限にある製品群は，利益

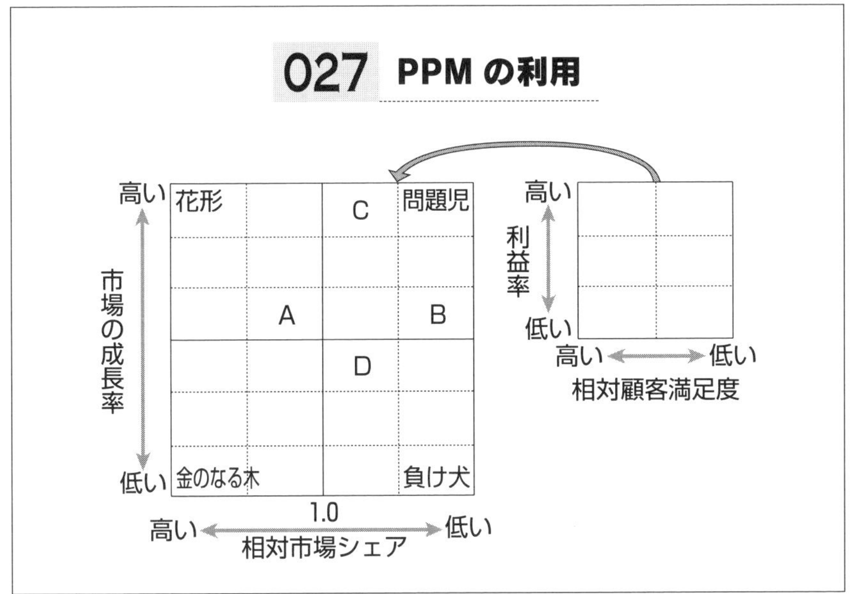

率が低く顧客の満足度も低いために，敢えて選択から除外してもよいかもしれません。また，本来は売却されるべき負け犬製品の中でも，利益率が高く顧客の満足も高いDの象限にある製品群は，少額であっても現金を生んでいるわけですから選択すべきでしょう。

現金を集中投入すべき問題児の製品群の中でも，Bの象限にある製品群には集中すべきではないことは自明です。利益率が低く顧客の満足度も低いからです。一方，Cの象限にある商品群には，最も集中して現金を投入する必要があることが分かります。この商品群が将来花形の象限に移行する商品となれば，大きな売上と利益が想定できるからです。

以上の例の他にも，どの象限の製品群を選択し集中するかは，企業が任意に決めることができます。また，ここではPPM分析の新しい分析ステップとして，自社の利益率と相対顧客満足度という2つの軸を採用しましたが，産業の違いや企業の特性によって，最も使いやすい別の軸を任意に考案することも可能でしょう。

028 合併と買収 —M&Aの論理1

Key Words 吸収合併，新設合併，株式取得，事業譲受，TOB

自社の力だけで成長しようとすると，それなりに時間がかかりますが，M&A（Merger & Acquisition）では，その実行時点で成長を達成できる利点があります。企業が他社と合併したり，あるいは他社そのものやその一部を買収したりすることは，M&Aと表現されます。ここから，こうした合併や買収を成長戦略の一形態として考察していきます。

自社が存続会社となって他社を吸収する形で合併する形態を，**吸収合併**と呼びます。たとえば，A社がB社を吸収合併する場合は，B社がA社に取り込まれ，両社が合体した組織は存続会社の社名であるAを名乗ることになります。ただし，合併後にまったく新しい名称を名乗る事例も数多くあります。

古い時代の吸収合併ですが，現在（2022年）でも理解しやすいので日産自動車による吸収合併の事例を挙げておきましょう。日産自動車は1966年8月，経営困難に陥ったプリンス自動車工業を吸収合併します。これによってプリンス自動車は消滅し，自動車メーカーとしての社名は日産自動車に統合されました。しかし，自動車販売会社（ディーラー）の社名にはプリンスの表記が残ることになります。現在でも，日産プリンス○○販売という販売会社の社名が全国に存在しており，これがプリンス自動車工業の社名の名残りなのです。

一方，2社が合併する際に双方の企業がいったん解散し，新しい会社を新設して事業・資産などを継承することがあります。これが**新設合併**と呼ばれるものです。ただし，上場会社の場合には新設合併によって生まれた新会社の上場申請が煩雑になり，その他に行政の許認可を必要とする事業を行っている企業の場合には，その許認可申請業務が煩雑になるため，日本では新設合併の事例は非常に少ないと言えるでしょう。銀行のように許認可事業を多く抱えている企業は，新設合併は行わないのが通例のようです。

買収にも2つの形態があります。他社の株式を買収する形態での**株式取得**と，金銭の授受によって**事業譲受**を実行する方法です。

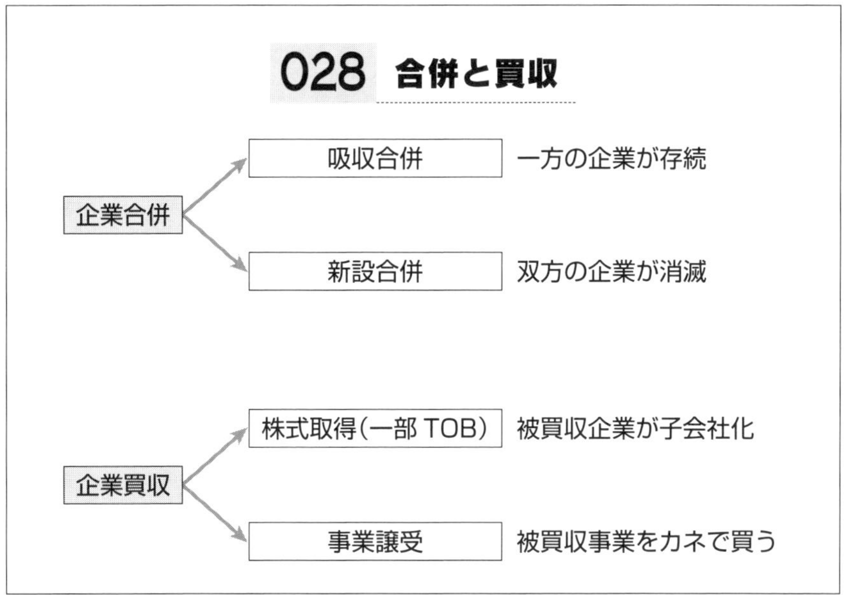

買収についても日産自動車の事例を挙げておきましょう。カルロス・ゴーンによって事業の選択と集中を行っていた日産自動車は，1953年以来保有していたトラックメーカーの日産ディーゼル社の株式を2006年にスウェーデンのボルボ社に売却しています。

これはボルボ社から見ると，日産から日産ディーゼル社の株式を取得したことになります。この買収によってボルボ社は日産ディーゼルの株式の19%を保有することになり，筆頭株主となりました。そしてその翌年，ボルボ社は日産ディーゼル株の公開買付け（**TOB**：Takeover Bid）を行い，日産ディーゼル株の96%を取得することで完全子会社化に成功し，非上場化した上で社名を UD トラックスへと変更しています。

このような買収と公開買付けによって，ボルボ社はアジア市場に強い日産ディーゼルのブランドを獲得し，トラック事業の市場を拡大することができたのです。ただし UD トラックスは，欧州市場に強いボルボ社とのシナジーをうまく生み出せなかったようで，2021年にはボルボ社は同社をいすゞグループに売却することになりました。

029 M&Aの組織的コスト —M&Aの論理2

Key Words 相補効果，相乗効果，ベクトル，情報の共有化

M&Aが行われる最も大きな理由は，企業の成長戦略にとっての時間の節約と言えるでしょう。M&Aなら事業そのものと経営資源を瞬時に手に入れることができます。

ただし，M&Aには次のような問題点があることに注意する必要があります。

第1に，合併される側または買収される側の意思に反するM&Aの場合には，当該企業がM&Aを前提とする企業内調査に協力しないために，合併・買収する側に正確な情報が入りづらくなります。さらには，合併・買収される企業の経営者が，意図的に経営資源を減少させたり，他の企業に協力を求めて合併・買収行為を阻止しようとすることもあります。

第2に，M&Aを実行する側の経営者の心理的な側面の問題です。M&Aを実行する側は自分たちのことを，合併・買収される企業の経営者より有能だと考えることが一般的です。なぜなら，そう思うからこそ相手企業に対してM&Aを仕掛けて，自分の思うような経営手法によって業績を改善させようと考えるからです。こうした自信が実力に基づいたものなら問題ありませんが，自信過剰によるM&Aの場合は，それが誤った判断だったということが後に判明する場合があるのです。

第3に，2つの企業を本当の意味で1つにすることが実に難しいということです。M&Aの目的として**相補効果**や**相乗効果**を狙うことが多いのですが，この目的そのものが一体化を阻害する大きな要因をはらんでいます。なぜなら，一体化することそのものが，互いに自社とは異なったものを取り込むという行為だからなのです。異なったものが1つになるのは，実に難しい。たとえば，男と女が結婚して平和に一生暮らすのも，結構難しいと思っている読者もおられるかもしれません。

以上で述べた第3の問題点は，さらに次のような4つの要因（組織的コスト）に分解することができます。

029 M&Aの組織的コスト

1	被合併・被買収側の抵抗	
2	合併・買収側の自信過剰	
3	一体化そのものを阻害する要因	① 人が辞める・意欲喪失 ② ベクトルの不一致 ③ 情報の非共有 ④ 売上の減・費用の増

1つめは，M&Aそのものが成功しても，その直後から合併・買収された企業から多くの人材が退職したり，重要なポジションの有能な人材がヤル気をなくして，組織そのものが本来の実力を発揮しなくなることがあります。こうした想定外の問題に対処することも必要となります。

2つめは，統合直後の組織の構成員の**ベクトル**（仕事の方向性）は異なっているのが普通です。異なったベクトルの方向を合わせることは，通常でも難しい経営課題ですから，異なった企業が合体した組織ではなおさらです。

3つめは，双方の企業の構成員相互の**情報の共有化**が円滑に行えないことから生じるコストになります。異なった企業では日常の業務用語も異なっているものです。こうした背景から，コミュニケーションが円滑に行われません。

4つめは，M&A直後の売上は，経験的にM&A前の各社の売上の合計より小さくなることが一般的で，逆に費用はM&A直後のほうが増加する傾向があることです。M&Aのドサクサで営業活動が滞る，思いがけない費用が追加発生するなどのことが要因と考えられます。ただし，この問題は時間の経過と共に解消されなければならないでしょう。

第4章 ポイント

① 残す事業を選択し，そこに経営資源を集中して投入する

② 細分化した PPM 図は，実務で使える

③ M&A には，組織的コストが発生することを知っておく

参考文献

藤原雅俊（2004）「セイコーエプソン：生産技術が事業展開をドライブする」伊丹敬之・西野和美　編著『ケースブック経営戦略の論理』日本経済新聞社。

伊丹敬之・加護野忠男（2003）『ゼミナール経営学入門　第3版』日本経済新聞社。

武藤泰明（2007）『持株会社経営の実際　第2版』日経文庫。

沼上幹（2008）『わかりやすいマーケティング戦略　新版』有斐閣アルマ。

第5章

グローバル化の戦略

☞企業の国際化やグローバル化など，実務の世界で何気なく使用している言葉の概念を，少し厳密に区別しながら理解していきましょう。

☞多くの研究者が，グローバル戦略やマルチドメスティック戦略，トランスナショナル戦略などと呼ぶ企業戦略の内容は，その戦略の方向性が明らかに異なっています。こうした企業の国際化に関する戦略を成長戦略の一側面として理解しながら，次章の競争戦略をも視野に入れていきます。

☞さらに，日本企業に求められるトランスナショナル化について，日本からの現地への能力移転と現地知識の獲得がいかに重要であるかに着目し，その実務的手法の事例を学ぶことになります。

☞最後に，日本人にとって必要な異文化対応能力の詳細を理解します。

030 国際化（グローバル化）の理由
—他国と取引する形態1

Key Words　新しい市場，比較優位の源泉

中国経済が発展したことで現地の人件費が上昇し，日本企業が生産拠点として注目する国は，中国から東南アジアあるいは西アジア諸国に移ってきました。ただし，人材に恵まれない日本企業の場合には言葉の壁の問題もあって，企業の国際化そのものが難しい問題であることも事実でしょう。

天然資源の乏しい日本で事業を営む企業にとって，原材料を調達する目的での国際化は早くも明治時代から行われていました。一方，第二次世界大戦以降は米国を主な販売市場とした国際化も行われてきました。企業の国際化とは，企業の成長過程で単にその活動が国境を越えるだけのことなのか，あるいはそうではないのかを考えてみましょう。

企業が成長する過程では，自国市場での拡大を目指すのがごく自然な活動で，これが第３章の020で学んだ市場浸透戦略です。従来の製品でさらに市場浸透ができなくなると，新しい製品を投入することで更なる拡大を目指します。次に向かうのが市場開発戦略で，この戦略を遂行する過程で国境を越えることが一般的になるのです。

国際化の１つめの理由が，この**新しい市場**を求めての国際化で，多くの日本企業が新しい市場を求めて国際化しています。

２つめの理由は，**比較優位の源泉**となる資源を求めての国際化です。ある外国の資源が自国の資源に比較して優位なものならば，企業はその資源を求めて国際化するのです。この場合の優位性とは，外国産の資源のほうが安価である，あるいは高品質である，ということになります。

必要な資源の価格が，自国の価格より安価な場合を考えてみましょう。価格に差が生まれる理由は，その国と自国での需要と供給の状況が異なっているか，取引の制度が異なっているためです。こうした理由で，必要な資源の価格が自国産より外国産のほうがより安価ならば，外国に資源を求めるのは当然の行為と考えられます。日本のアパレル企業がより安価な労働力を求めて，中国，ベ

030 国際化の理由

▶新しい市場を求めて
・国内市場が飽和すると，外国に市場を求める

▶比較優位の源泉となる資源を求めて
・ある外国の資源が比較優位を持つ理由は
① 日本より安い……東南アジアの労働力
② 日本より品質が良い……中東の原油

トナム，バングラデシュなどへと国際化しているのは，この典型例でしょう。

また，資源の品質が外国産のほうが良い場合を考えましょう。自社製品の品質を向上させるために，品質の高い原材料が必要になることは当然のことです。自国で調達できる原材料の品質に限界がある場合には，たとえ高価であっても自国産より外国産の原材料を調達することになります。自社製品の品質を向上させることで市場での競争力が向上したり，あるいは販売量を落とさずに販売価格を上げることが可能になるからです。日本が中東等の原油を大量に購入するのは，日本にはほとんど存在しない高品質の燃料の原料を求めての国際化と言えるのです。

国際化には当然ながら問題点もあります。1つは，国が異なることから生じる環境の違いをマネジメントする必要があることです。法律や制度の違い，さらに文化や商習慣の違いには留意する必要があります。

2つめは，組織がもつ常識を変革させなければならない点です，島国である日本で形成された組織の常識は，外国では通用しないことが一般的です。それゆえに，組織のマネジメントの考え方を変革することも必要となるのです。

031 国際化（グローバル化）の基本
—他国と取引する形態 2

Key Words ライセンシング，業務提携，資本提携，ジョイントベンチャー

国際化（Internationalization）とは，日本から外国へと活動領域を拡大することを示しています。それゆえに，企業が初めて外国に生産工場を建設する，あるいは販売拠点を構えるような活動は，グローバル化と表現するより国際化と呼んだほうが適切でしょう。すなわち，事業の活動領域を自国の外に求める行為が国際化ということになります。

一方，グローバル化（Globalization）については，多くの国際経営学者がさまざまに定義付けをしていますが，今のところ定説らしいものはありません。ただしその多くが，グローバル化とは世界規模で事業活動の相互依存化が進んだ状態であることを認めています。自国以外の複数の外国について，５カ国以上と限定する研究者もいますが，この本ではグローバル化とは複数の国（少なくとも３カ国以上）で相互依存関係にある事業を展開している状態と定義しておきましょう。

国際化を行う場合，利害関係企業との契約や関係性に以下のようにいくつかのパターンがあり，そのパターンに応じた組織間での関係形態があります。

◆**ライセンシング契約**

ある企業が他国の企業に一定期間，特許・デザイン・コピーライト・商標などの無形資産に対するアクセス権を与える契約です。ライセンシー側が生産・販売のリスクを負担するため，ライセンサーは資金面での負担がまったくない点が大きなメリットとなります。

◆**業務提携**

サプライチェーンやバリューチェーンの特定分野で，外国企業に業務を委託する形態です。委託する側が細かな指定をして，業務を委託することができる点がメリットとなります。

ファーストリテイリングは，ユニクロ事業において多くの領域を自社バ

031 国際戦略の企業関係

形態＼国際戦略	市場取引	中間的構造	階層的な内部組織
具体例	・輸出入	・ライセンシング契約 ・業務提携 ・資本提携 ・ジョイントベンチャー	・合併 ・買収 ・完全所有の現地法人

リューチェーンに取り込んでいますが，製品製造に関してはASEAN諸国の業務提携先工場に委託しています。

◆資本提携

自社業務にとってメリットのある外国企業へ資本を投入して，シナジー効果を追求する形態です。資本提携には，ある企業が外国他社の資本の一部を一方的に取得する場合もありますし，互いに資本を持ち合う場合もあるでしょう。

◆ジョイントベンチャー

複数企業が株式を所有して新たに企業を設立する手法のことです。合弁企業や共同企業体と呼ばれることがありますが，単独資本ではなく進出先国の企業が参加することで，現地の知識やノウハウが利用しやすくなります。しかし，自社の独自技術が共同出資先企業に流出するリスクや，重複組織構造になってしまう傾向があることで，意思決定に時間がかかりすぎるデメリットもあります。

中国では地元企業とのジョイントベンチャーでしか参入できない経済領域が大きいため，多くの外国企業が中国企業との合弁事業を行っているのが現状です。

032 戦略の方向性 ―どの戦略形態を採るか 1

Key Words グローバル戦略，マルチドメスティック戦略

たとえば，パソコン産業を想定してみましょう。製品としてのパソコンの競争環境は世界規模で拡大していますから，企業は常に世界市場を念頭においた戦略を構築する必要があります。競争相手も世界レベルの競合であり，世界の共通市場でシェア争いをしているからです。

このようなグローバル産業においては，世界各国の市場を均一な単一市場と捉えて，標準化した製品を全世界に投入することになります。もちろん，電源の電圧差やプラグの形体の違いなどのローカル対応を必要とする部分が少しはあります。しかし，自社にとって最適なバリューチェーン構造を構築することができれば，グローバルレベルで規模の経済を享受できることになります。

一方，国や地域によって食習慣や顧客の味の好みの異なる食品産業を想定してみましょう。競争環境は国ごと地域ごとに異なり，世界規模で標準化製品を一律に投入することが困難な場合が多いものです。ネスレが販売するキットカット（KitKat）は英国で生まれたチョコレート菓子ですが，現在（2022年）では，日本でのバリエーションが世界で一番多いと言われている商品です。

こうしたマルチドメスティック産業では，ある市場で競争優位を確立した戦略も，他の市場では効果を発揮できない場合が多いため，バリューチェーン構造を市場ごとに個別に構築する必要があります。

異なった産業での顕著な特徴は，個別企業の戦略に当然影響するでしょう。ある企業は世界中の潜在顧客を視野に入れて，世界中で認められる企業になろうとしています。他の企業は，特定市場の潜在顧客に認められることに努力を傾注し，さらにそうした個別市場を世界中に繰り返し数多く創ろうとしているのです。

すなわち，双方の企業とも外国での事業展開に積極的ではあるものの，前者は世界市場での成功を目指している一方で，後者は個別市場での成功を世界中のそれぞれの国で再現することを目指しているのです。

032 戦略の違い

グローバル戦略	マルチドメスティック戦略
・世界は単一市場 ・世界規模での競争優位 ・バリューチェーンの各機能は最適な国に配置 ・製品は標準化 ・本社主導	・国・地域ごとの市場 ・各市場ごとの競争優位 ・バリューチェーンの各機能は各市場別 ・現地最適化 ・現地への権限移譲

そこで，前者の企業戦略を**グローバル戦略**，後者の戦略を**マルチドメスティック戦略**と呼ぶことにしましょう。

グローバル戦略では，競争相手は地元企業ではなくグローバルレベルで事業展開している競合です。それゆえに，バリューチェーンの各機能をそれぞれに最適な国に集中することで，ロケーションの利点と規模の経済を享受できることになります。たとえば，製品本体の製造は中国に集中するけれど，形体の異なるプラグの製造はそれぞれの市場国で行うというようなことです。国別に過剰な現地適合をすると規模の経済が阻害されるため，標準化製品を市場投入します。そして，オペレーションは中央集権化して，本社主導のもとで海外子会社のコントロールを行う方法が採られます。

一方，マルチドメスティック戦略では，市場ごとでの競争優位が優先されるために，標準化製品はあまり意味をもちません。現地適合した製品をそれぞれに開発する必要があるため，本社の強いコントロールはかえって弊害となり，海外子会社に大きな権限移譲を行う必要があるのです。前述の日本国内でのキットカットは，ネスレ日本の主導によって開発されたものなのです。

033 戦略のトランスナショナル化
―どの戦略形態を採るか2

Key Words 付属物，参加，貢献，統合

ここからは1990年代以降に議論されるようになった，グローバル戦略のトランスナショナル化（Transnationalization）について考察します。

企業活動のグローバル化が進展し，付加価値創造の現場が世界中に分散されるようになりました。企業が世界中に展開するそれぞれの拠点でイノベーションを起こし，企業内ネットワークを通じてその成果をグローバルに活用するようになります。創業の地での企業活動の伝統を維持しながら，世界中に分散している拠点で最適な付加価値創造活動を行う。しかも，各拠点間の連携をうまく調整しながら，グローバルな組織として世界市場に適合している状態です。

トランスナショナル化のプロセスは，大きく「付属物」「参加」「貢献」「統合」の４つの段階に分かれるといいます。

◆付属物

外国にある拠点が，本社の付属物程度の位置付けになっている状態です。本社で集中されて開発された製品に対して，当該拠点が現地適合のための一部変更を施す程度の活動を行う段階です。

◆参加

外国に所在する拠点が，本社が開発した製品の現地適合のために本格的な変更を施す役割を担うようになる段階です。

◆貢献

外国に所在する拠点で蓄積された経営資源や，それを利用して獲得した成果が他の拠点で活用されることで，外国拠点が他拠点に対して貢献する段階です。

◆統合

相互の貢献の段階を経て，グローバル企業が全体として統合されたネットワークとして機能する段階です。

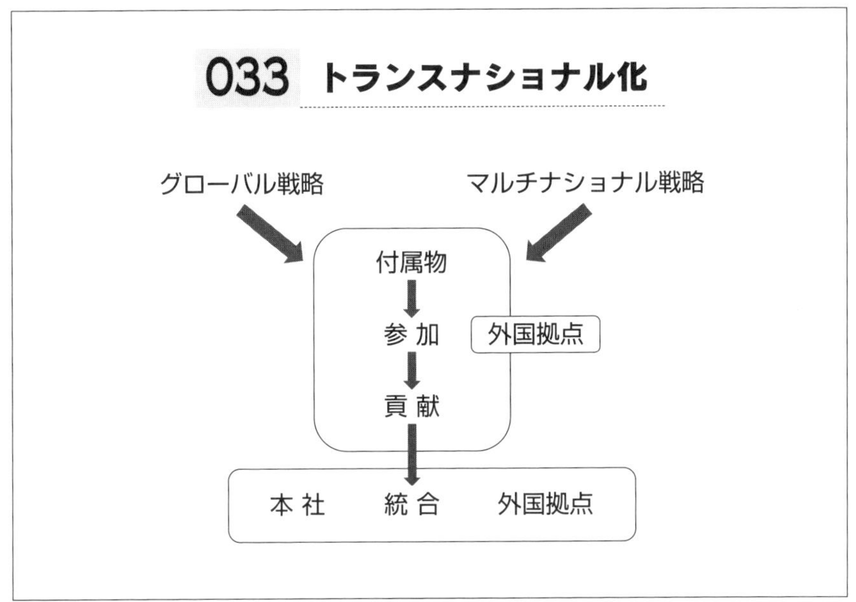

ただし，これまでマルチナショナル戦略を実施していた企業とグローバル戦略の企業とでは，トランスナショナル化に至る経路は異なるはずです。

マルチナショナル企業では，それぞれの国の特殊要因から獲得した個別の競争優位を維持しながら，各拠点の組織能力を他の拠点や本社の経営資源と連携させる方向で，全社的な能力を育成していくはずです。

一方，グローバル企業は，資源や事業活動を集中させることで競争優位を実現してきた組織です。トランスナショナル化に際しては，規模の経済によって実現してきた競争優位を失うことなく，それぞれの拠点での資源活用の程度を向上させて現地適合レベルを上げることになるはずです。

日本に早くから進出して来ているIBMやキャタピラー，スリーエム，プロクター＆ギャンブル（P&G）などは，現在ではトランスナショナル企業と呼んでもよいでしょう。多くの欧米企業は，早い段階からマルチナショナル戦略によって世界的な組織形態を構築してきました。それゆえ，たとえばP&Gなどは，顧客の要求水準が厳しい日本市場を学習の場と位置付けて，収益性の追求よりも顧客や競合からの学習を優先させてきたのです。

034 能力の移転・獲得・統合
—どの戦略形態を採るか 3

Key Words 移転，獲得，統合

1990年代には，多くの日本企業が製品開発拠点を海外に設置しましたが，ここでは自動車産業でのトランスナショナル化の実態を見てみましょう。

90年代の各自動車会社とも国際的分散化の傾向を示していました。たとえば，米国でのR&D（第1章の010参照）拠点の従業員数は，90年代を通して明らかに拡大していました。日本から現地への技術者の増員が，能力の移転・獲得・統合へとつながっていくのです。

◆**能力の移転**

現地に設計エンジニアがいなかった時代には，エクステリアの造形を担当する現地デザイナーが先進的なコンセプトを提案しても，実際に図面を引く際には無理な部分が多く，設計段階で大幅な修正をせざるを得ませんでした。しかし，日本から設計者が赴任することで，技術的制約を正確にかつタイミングよく現地スタッフに伝えることができるようになり，現地デザイナーの提案がより直接的に製品に反映できるようになりました。

◆**能力の獲得**

現地サプライヤーは，地域独特の顧客ニーズに適合した技術や製造に関する知識を保有しています。そしてそれは地域特有であるために，日本のサプライヤーがもつ知識とは異なっているのが当然です。彼らの知識を日本メーカーが活用するためには，製品開発の初期段階からの参加を呼びかける必要があるのです。サプライヤーを開発業務の初期段階から参加させることで，メーカーは製品に関する情報を早期に伝えて，現地での使用技術や製造方法に関する問題点を，サプライヤーと協力しながら解決することが可能になります。

◆**能力の統合**

あるメーカーでは，80年代後半になると日本で開発したモデルの現地販

034 能力の移転・獲得・統合

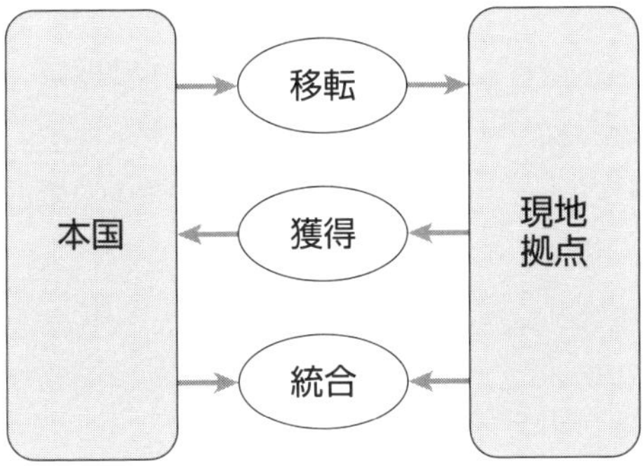

本国
移転
獲得
統合
現地拠点

売用の派生モデルの開発が始まりました。現地知識の獲得の始まりです。88年には180人だった現地拠点の人員が91年には500人に増員され，北米固有モデルの開発の主導的役割を果たすと同時に，現地調達率の引き上げも同時に行われました。そして90年半ばには，日米での同時並行開発がスタートすることになるのです。

現地化した拠点では本国の能力をうまく活用できず，一方現地拠点で本国組織との統合を強調すると現地の知識をうまく活用できない，というトレードオフの関係があると言われています。

では実際の企業では，どのようなことが起きていたのでしょうか。前記のモデルの場合，セダンとクーペは日本で開発し，ワゴンは現地が開発をしています。ここで注目すべき点は，日本で開発されるモデルの主要市場が日本ではなく北米であった点です。このため，北米の顧客や工場，そしてサプライヤーの意見を優先して開発することが目標なのです。すなわち，現地の知識の積極的活用を目標とした統合活動が，日本の本部主導で行われたのです。

035 新興国への進出 —日本企業の課題1

Key Words 跛行（はこう）性，矮小性，不確実性，ミスマッチ

日本企業が新興国市場でビジネスを展開する際の課題は，これまで国内や先進国市場で受け入れられていた製品や戦略が，所得水準の低い新興国市場でそのまま受け入れられないということです。先進国市場で激しい競争を繰り広げている日本企業が，新興国市場に多くの経営資源を割けない状況の中で，新興国市場のシェアを後発国企業に奪われるという事態が起きています。

日本企業のこうしたジレンマの発生要因と，その対策について次の４つの観点から考察してみましょう。

◆資源配分の**跛行（はこう）性**

日本企業は既存の先進国顧客や投資家対策に自社の経営資源の多くを配分していることから，新興国市場にはなかなか資源を配分できない。

◆規模の**矮小性**

新興国という小さな市場では，日本企業の成長ニーズを満たすことができないために，注意を向けない。

◆**不確実性**と不透明性

日本企業にとって，注目しない新興国市場は存在していないのと同然なので，市場分析しようとしない。

◆製品技術と市場ニーズの**ミスマッチ**

日本企業のもつ製品技術のレベルと新興国市場が求める技術レベルとの間に適合関係が保証されない。

以上のような制約が存在するために，新興国に進出する場合には以下のポイントに注意する必要があるでしょう。すなわち，進出先の新興国の市場や資源の条件が先進国と大きく異なる場合には，現地側の事業組織を日本側の本社とは切り離し，現地に権限を大きく委譲することです。現地では市場範囲を限定

035 新興国市場でのビジネス拡大

1．オーバースペックを見直し，ボリューム・ゾーンを狙う

2．ブランド認知を高めることで，ミドル市場へ参入

3．ローコスト戦略ではなく，市場に即した差別化戦略

して，その範囲で実験・探索を進めながら，さまざまな経験知を蓄積していく必要があります。こうしたプロセスを経て，どのような製品や戦略が現地市場に適合するのかの検討を重ねる必要があるのです。

日本企業の多くは新興国市場において，機能・品質が高く，価格も高いハイエンド市場を狙っています。しかし，新興国市場は規模が小さいため，機能・品質が中程度で価格も手頃な規模の大きなミドル市場に参入できるに越したことはありません。日本企業がこうした市場でビジネスを拡大するためには，次のような3つの方向性があるでしょう。

- ◆オーバースペックとなっている製品品質を見直し，価格を下げてボリューム・ゾーンを狙う。
- ◆ハイエンド市場でブランド認知を高めることで，ミドル市場への参入を容易にする。
- ◆単なるローコスト戦略ではなく，不要な機能を省き必要な機能を付加することによって，新興国市場に即した差別化戦略を展開する。

036 企業内国際分業 ―日本企業の課題 2

Key Words 中間財，取引コスト，生産性

過去の日本の自動車産業では，海外で生産した製品を日本が再輸入するという概念がありませんでした。なぜなら，日本企業が外国で生産した自動車を現地から輸入することに，経済合理性がなかったからです。

現在（2022年）では，ほとんどの部品を海外で調達し，海外工場で生産した製品を日本が輸入・販売しているメーカーがあります。製品品質レベルが日本の顧客の要求水準に適合したことと，製造から販売に至るコストがメーカーにとって満足のいくレベルにまで低下したからです。

このように，企業内部での国際分業の形態がごく当たり前の時代になってきています。企業内国際分業とは，日本の事業拠点と海外の事業拠点がそれぞれ得意分野に特化した分業体制をとりながら製品を製造し，日本での製品販売と海外拠点のある国での販売や周辺諸国への輸出を実現している状態です。

こうした分業を経済学的に検討してみましょう。すなわち，生産活動に労働力と**中間財**を投入する必要がある最終消費財を想定してみます。労働力が豊富な新興国は中間財を安く生産・供給できるので，労働力が制約される先進国の最終消費財生産企業は，新興国から安い中間財を輸入しようとします。このこと自体は，ことさら特殊なことではないでしょう。

ただし，安い中間財の輸入を始めるためには，輸入開始に必要な固定費が存在します。この場合の固定費とは，外国語を話せる社員の採用や海外との通信回路の開設・その他専門部署の設置などを含めた**取引コスト**のことです。輸入を開始した初期にはこの固定費がかかりますが，輸入量が増加するにつれて製品の単位当たりの固定費コストは低下します。それゆえに，企業は国内調達するか，輸入を開始するかの選択を迫られることになるのです。

図のように，生産量（調達量と言い換えられる）がＱになるまでは，輸入の場合には固定費がかかるために，中間財の総費用は国産のほうが低くなります。一方，Ｑを超えて生産するならば，輸入した中間財を使用したほうが総費

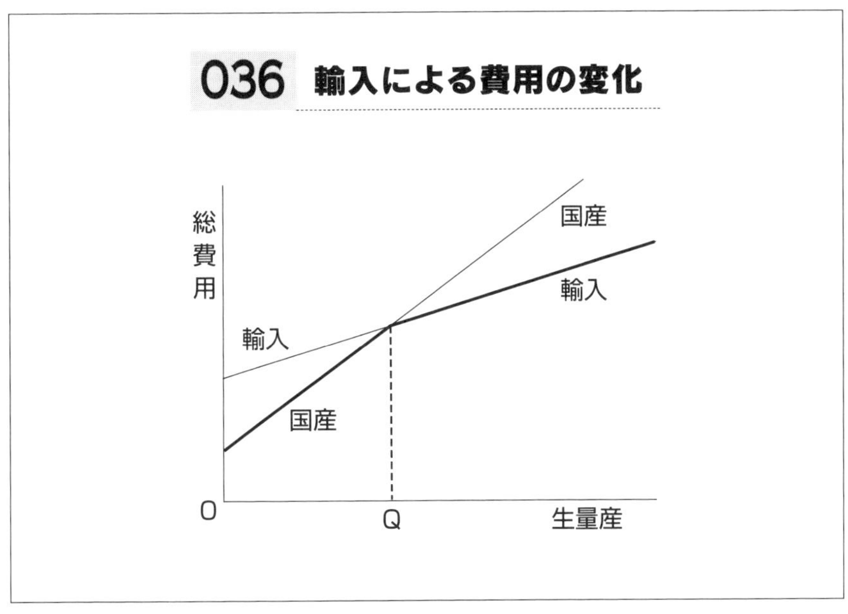

用は低くなり，太線部分が総費用の低い選択となるわけです。

さて，どのような産業でも**生産性**の高い企業とそうでない企業が存在します。生産性の高い企業は一般的に売上高が多くなり，固定費の負担が相対的に軽くなりますから，輸入を開始する際の固定費負担も同様に軽くなります。それゆえに，生産性の高い企業ほど中間財の輸入を選択し，生産性の低い企業ほど国内調達を選択する，と理論的には考えてもよさそうです。

ただし，中間財の調達先はそれほど単純ではありません。厳密に捉えると，国内・社内（内部調達），国内・社外（国内アウトソーシング），海外・社内，海外・社外（海外アウトソーシング）の４つに分類できます。ただし，ここでは国内調達を社内・社外と区別する積極的な意味がありませんから，国内，海外・社内，海外・社外の３つの分類で検討しましょう。

海外に子会社を設立して維持・運営するには，それ相応の投資を必要とするため，現地企業から契約ベースで中間財を調達すること（海外アウトソーシング）に比較すると，多大な固定費負担を必要とします。それゆえに，最も生産性の高い企業は子会社設立を選び，次に高い企業は海外アウトソーシング，最も生産性の低い企業が国内調達を行う，という３層構造が想定できるのです。

037 異文化への対応能力 ―日本企業の課題3

Key Words カルチュラル・アウェアネス，自己調整能力，状況調整能力，感受性

ここまでのグローバル化の議論は，海外進出する企業組織を対象としたものでした。そこで，この項では一歩踏み込んで企業内の個人に焦点を当てながら，国際化にともなう異文化への対応の難しさとその困難に対応するための能力について考えていきましょう。

隣国である韓国，台湾，中国の経済発展が目覚ましいなかで，最近（2022年）の日本企業を取り巻くグローバル化の現実は大きく様変わりしています。日本企業が海外に進出して，当該国でローカル・スタッフを雇用すること，あるいはその国において多国籍の外国人を従業員として採用することが当たり前になっています。さらに，日本企業が海外企業の資本傘下に入り，海外や日本国内においても多国籍の上司・同僚・部下とともに働くというような仕事環境が非常に多くなりました。

組織内でのこうした多様なグローバル化の動きにもかかわらず，日本の企業人が一般に不得意だと考えられる問題があります。それが，外国語（特に英語）の習得と同程度に重要だと考えられる異文化への対応という問題です。

異文化への対応についてさまざまな視点からの研究がなされていますが，ここでは個人がどのような資質や能力をもつことで異文化への対応がスムーズになるのか検討しましょう。

少し古いですが，2004年の社団法人日本経済団体連合会（経団連）の調査報告によると，異文化環境下でミドルマネジメント層に求められる能力や要件として，以下のような10項目が示されています。①業務知識・業務遂行能力，②管理能力（人事管理スキルを含む），③本社との間の情報伝達と発信能力，④コミュニケーション能力，⑤異文化適応力・環境変化への順応性の高さ，⑥対人関係能力，⑦リスクマネジメント力，⑧企業の社会的責任等に対する意識，⑨健康（身体・メンタル），⑩家族の適応力，となっています。

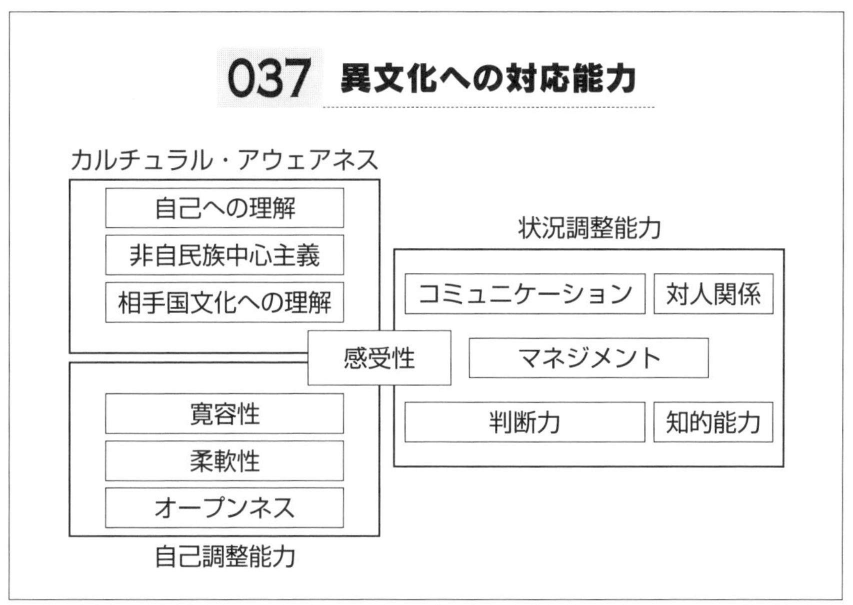

ただし，これらの項目は実務家による意見を集約したものですから，現在でも一応の目安とはなるものの，確固たる科学的根拠は希薄なものといえるでしょう。しかも，⑤で挙げられた「異文化適応力」についてはその具体的な要件が知りたいところです。

これに対して，社会心理学者の山岸みどりは図のように，異文化への対応能力として，大きく①**カルチュラル・アウェアネス**，②**自己調整能力**，③**状況調整能力**，の3つに分類し，それらをつなぐ要素として個人の**感受性**を挙げています。

カルチュラル・アウェアネスとは，個人がもつ文化に関する知的バックグラウンドというべきもので，①自己への理解，②非自民族中心主義，③相手国文化への理解，で構成されています。自己調整能力とは個人の性格的特質であり，①寛容性，②柔軟性，③オープンネス（開かれた考え方）で構成されます。また，環境に対する状況調整能力として，①コミュニケーション，②対人関係，③マネジメント，④判断力，⑤知的能力，が挙げられています。

最後に，これら3つの能力にまたがる個人的特質として，感受性が挙げられているのです。

第5章 ポイント

① トランスナショナル化のポイントは，本社と外国拠点の統合

② 新興国への進出の際の要点を把握する

③ 異文化対応能力の本質を理解しておく

参考文献

天野倫文・新宅純二郎ほか（2015）『新興国市場戦略論＝Emerging Market Strategy：拡大する中間層市場へ・日本企業の新戦略』有斐閣。

浅川和宏（2003）『グローバル経営入門』日本経済新聞社。

バーニー，ジェイ B.（2003）『企業戦略論（上）基本編』ダイヤモンド社。

グローバル人材に関する調査（2014）産業能率大学グローバルマネジメント研究所。

伊丹敬之・加護野忠男（2003）『ゼミナール経営学入門　第3版』日本経済新聞社。

社団法人日本経済団体連合会（2004）『日本人社員の海外派遣をめぐる戦略的アプローチ：海外派遣成功サイクルの構築に向けて』。

椙山泰生（2009）『グローバル戦略の進化：日本企業のトランスナショナル化プロセス』有斐閣。

冨浦英一（2014）『アウトソーシングの国際経済学：グローバル貿易の変貌と日本企業のミクロ・データ分析』日本評論社。

山岸みどり（1995）「異文化間能力とその育成」渡辺文夫編著『異文化接触の心理学：その現状と理論』川島書店。

山内昌斗（2007）「日本企業のグローバル化への軌跡」安室憲一編著『新グローバル経営論』白桃書房，23-41頁。

第6章

ポジショニングの戦略

☞企業の業界内での立ち位置（ポジション）の違いによって，どのような戦略を採用すればよいのか，を考えていきます。

☞ただし，経済学者のマイケル・ポーターが提唱した5つの競争要因モデルをベースにした考え方では，企業のポジションそのものが戦略となるというものですから，そのポジションの競争上の優位性を理解していきます。

☞一方，企業の業界内でのポジションによって異なった戦略を採用すべきである，とする別の視点も存在します。さらには，業界内で競争優位に立つのではなく，競争のない領域を自ら発見・開発することで，自社の存在感を示すという戦略の考え方もあります。

☞この章では，これらをまとめてポジショニングの戦略として検討していきます。

038 5つの競争要因モデル ―5つの競争要因1

Key Words 対抗度，交渉力，新規参入，代替品

世の中にはさまざまな業界があり，それら業界の構造が異なれば，その業界内で事業活動をしている企業の収益力も異なる，と考えるのは自然でしょう。特定の業界内で企業が特定の状況に置かれている場合に，その収益力が高くなると仮定するならば，その業界や特定の状況を探し当てて，そこで起業するなり事業進出することが企業にとって有利な戦略となるはずです。

米国の経済学者であるマイケル・ポーターは，業界内で企業が置かれている状況を図のような5つの競争要因という概念で示しました。

◆業界内の**対抗度**

図の中心にある四角形で示されたものが業界で，対抗度とは競合との競争の程度です。競合との競争が激しければ，業界内の対抗度は高いと言うことができるでしょう。

◆買い手の**交渉力**

買い手（顧客）の交渉力が業界内での競争要因となることです。顧客は常に商品を安く買おうとして交渉力を発揮しますから，業界内の競合が自社より安く商品を提供するならば，自社は顧客を失うことになります。

◆売り手の**交渉力**

供給業者は常に原材料を高く売ろうとします。それゆえ，業界内の競合が自社よりも高く原材料を購入できる余力をもつならば，自社は供給業者から原材料を購入できないリスクも生まれます。

◆**新規参入**

業界への新規参入を考えている企業があると，業界と自社にとって脅威になります。多くの企業が業界内で競争している状況下で，新規参入企業が現れると業界の対抗度がさらに高まるのは当然です。

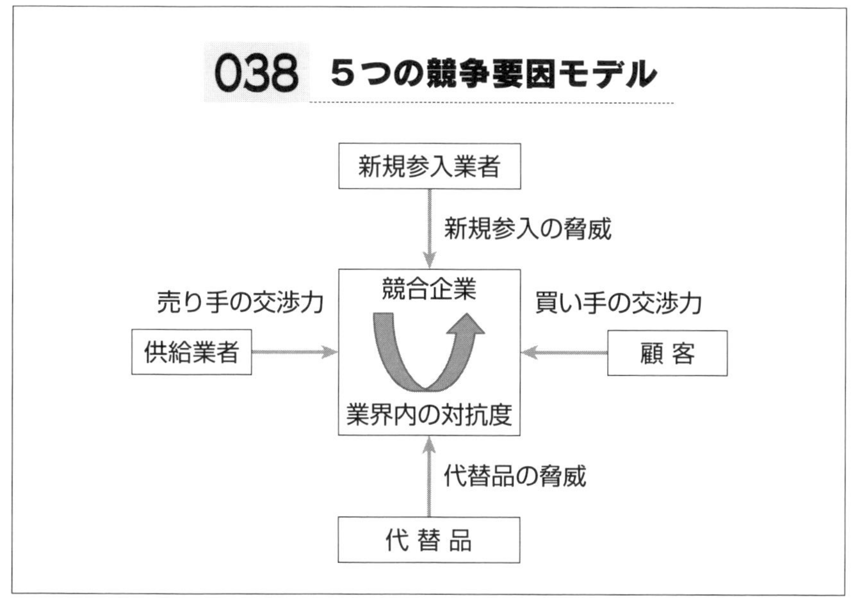

◆**代替品**

ある業界の製品やサービスに対して，使用技術がまったく異なる代替品が現れるならば，従来からの業界全体の収益力が低下して，その業界内で活動している企業間の対抗度が高まるのは当然と言えます。

以上のように，企業は業界内の競合と競争（対抗）しているだけではなく，顧客や供給業者の交渉力，新規参入と代替品の脅威によって競争状況が大きく変化します。それゆえに，自社の収益力を維持するためには，対抗度が低く交渉力や脅威を受けにくいポジションを探すことが重要となるのです。

次項から順に，業界内の対抗度や買い手（売り手）の交渉力，新規参入の脅威への対策などを検討していきますが，一方で代替品の脅威に関してはその対抗策がほぼ無いのです。

メインフレームのコンピュータが全盛だった時代（1970年代）に，玩具のようなパソコンの原型が誕生しました。コンピュータ業界における代替品の誕生でした。そして，その後のパソコンの発展が現在（2022年）の社会を支えているのです。

039 業界内での対抗度 —５つの競争要因２

Key Words １社独占，２社寡占，集中度，ハーフィンダール指数

５つの競争要因のうち，業界内での対抗度について考えていきましょう。

ここでは業界内での対抗度（競争の程度）を，特殊な状況を事例にして考えてみます。業界が**１社独占**の場合には当然ながら競争は存在しませんから，対抗度はありません。次に，**２社寡占**の業界を想定してみます。１位企業の市場シェアが非常に高く，２位企業のシェアが残りの小さな部分ならば，競争はそれほど激しくはないと考えられます。なぜなら，巨大な１位企業に対して弱小の２位企業が激しい競争を挑むとは考えにくいからです。一方，同じ２社寡占でも両社の市場シェアが拮抗している場合には，非常に激しい競争が起きると考えられるでしょう。なぜなら，両社ともが１位の座を狙ってさまざまな戦略を繰り出すことが想定できるからです。

以上の特殊な状況を基本に置いて対抗度を一般化してみると，次のような業界状況の場合に対抗度が高くなることが分かります。

競合企業の数が多い，あるいは規模と能力の程度が同等である。

ポーター流の考え方では，企業数の多い業界では競争が激しく，たとえ競争に勝ったとしても業界全体の収益を多くの似通った企業で分配することになります。すなわち，こうした業界は旨みが少ないということになるのです。

なお，業界内での企業の数・規模・能力などの**集中度**の程度を示す指標として，**ハーフィンダール指数**というものがあります。これは次のように計算されるものです。

$$\sum_{i=1}^{n}(\mathit{market\ share\ of\ i\ company})^2$$

Σ記号は全部足すという意味ですから，ｉという企業の市場シェアを２乗したものを，最初の企業からｎ番目の企業まで足す，ということになります。図

039 ハーフィンダール指数の具体例

		市場シェア	市場シェア（小数）	（市場シェア）2
1社独占	1位企業	100%	1.0	1
		ハーフィンダール指数		1
2社寡占 格差大	1位企業 2位企業	90% 10%	0.9 0.1	0.81 0.01
		ハーフィンダール指数		0.82
2社寡占 格差小	1位企業 2位企業	55% 45%	0.55 0.45	0.3025 0.2025
		ハーフィンダール指数		0.505
5社	1位企業 2位企業 3位企業 4位企業 5位企業	40% 25% 20% 10% 5%	0.40 0.25 0.20 0.10 0.05	0.16 0.0625 0.04 0.01 0.0025
		ハーフィンダール指数		0.275

の具体例が示すように，ハーフィンダール指数の数値が小さくなるほど企業の集中度が低いということですから，対抗度が激しいことを示します。

また，業界内の対抗度が高くなる要因として次のことも考慮する必要があるでしょう。

◆産業の成長率が低い

業界内の他社の市場シェアを奪わなければ自社が成長できないために，競争が激しくなります。

◆参入障壁が高い

業界外の企業に新規参入を思い留まらせる条件として，彼らが負担しなければならない大きな参入コストを生む業界の構造的条件（参入障壁）があります。この参入コストを業界内の企業はすでに負担していることから，これを回収するための競争が自ずと激しくなるのです。

040 買い手の交渉力 ―5つの競争要因3

Key Words 価格感度，パワー

自社の利害関係者としての顧客と供給業者を「買い手」「売り手」という言葉に置き換えて，以下のように説明していきましょう。

買い手が製品やサービスを常に安く購入しようとし，一方で売り手が常に高く販売しようとする交渉力は，双方の行動が互いに対立関係にありますから，ここでは買い手の交渉力についてのみ考察します。買い手の交渉力の本質が理解できれば，売り手の交渉力についても理解できるからです。

買い手による値下げの交渉力の強さは，買い手が購入価格を下げたいと思っている希望の強さ（**価格感度**と呼びましょう）と，その希望を自社に押し付ける買い手の**パワー**の２つの要因で決まると考えられます。

買い手の交渉力＝買い手の価格感度×買い手のパワー

買い手の価格感度とパワーを高める要因として，次のものが考えられます。

◆**買い手のコストに占める自社の製品の割合が大きい**

買い手は自社から多くの製品を購入しているために，より安く購入したい。

◆**買い手の利益水準が低い**

買い手は利益水準を上げるために，より安く購入したい。

◆**買い手の製品品質に対して，自社の供給製品が差別化の要因とならない**

品質に大きな影響を与えないので，買い手はより安く購入したい。

◆**買い手の購入量が，自社の売上高に占める割合が大きい**

自社にとって，買い手は大口顧客となるためにパワーが大きくなる。

◆**自社の製品が差別化されていない**

買い手は，自社から購入しない可能性をチラつかせてパワーを見せる。

040 買い手の交渉力

買い手の交渉力＝買い手の価格感度×買い手のパワー

▶買い手の価格感度
- ・買い手のコストに占める自社製品の割合が大きい
- ・買い手の利益水準が低い
- ・買い手にとって，自社製品が重要な差別化要因とならない

▶買い手のパワー
- ・買い手の購入量が，自社の売上高に占める割合が大きい
- ・自社製品が差別化されていない
- ・買い手が後方統合するぞ，と脅かす

◆買い手が後方統合するぞ，と脅かす

買い手によって自社が合併・買収される危険性があることから，買い手のパワーは強くなる。

自社が買い手の交渉力にさらされることで，従来からの販売量を維持するために値下げの要求に応じたり，販売価格を維持できたとしても販売量が減少することがあります。さらに，自社製品が差別化されていないならば，買い手は他社製品を購入するようになるかもしれません。このように買い手が交渉力を発揮することで，自社と競合との業界内での競争がより激しくなることから，買い手の交渉力が競争要因の１つとなるのです。

自動車メーカーは大量の鋼鈑を購入する買い手です。彼らは，どの鋼鈑メーカーから購入するのが最も有利かを計算して，鋼鈑メーカーとの交渉に臨みます。顧客の目に見えるクルマの外板は高価であっても複数の日本企業から購入し，見えないフロアパン（床板）用の鋼板は安価な韓国企業から購入する，というような買い手の交渉力によって，国内外の鋼鈑業界での競争が激化することになるのです。

041 参入障壁 ―5つの競争要因4

Key Words 経験曲線効果，規模の経済，範囲の経済，先行者優位

参入障壁があると，新しい事業者が業界に参入するのを阻止できますから，業界の対抗度を低く維持できます。そこで，新規参入業者に参入コストを生じさせる参入障壁について，具体的に考えていきましょう。

参入障壁のメカニズムを理解するために，ここでは1社独占市場に新規参入を考える2社目の企業が現れる状況を想定します。図のグラフ1が1社独占の状態を示しています。

横軸は生産量および販売量を示し，縦軸は金額を示します。独占企業はQの量の製品を製造して，すべて販売すると仮定します。Qから垂直に伸びる直線はBで総費用曲線と交差し，Aで需要曲線と交差します。すなわち，Bの縦軸上の位置を示すP1が製品1個当たりの生産費用です。また，Aの縦軸上の位置を示すPが販売価格となります。この状態での独占企業は，1個当たりP–P1の利益を獲得して，総量Qを生産・販売した総利益はP1PABで囲まれた部分となります。

ここに，新規参入を考える事業者が現れたとします。グラフ2が仮に参入が起きた場合の従来からの独占企業の状態を示しています。

新規参入業者が生産する製品が，独占企業が従来から生産している製品とほとんど差別化されない製品だと仮定します。差別化されない製品ですので，生産者の数が増加しても需要曲線は従来のままで，市場での総販売量はQのままで，販売価格もPのままで維持されることになるでしょう。そして，新規参入業者が生産・販売を開始することから，独占企業だった従来の企業の生産・販売量がQ/2へと半減したと仮定しましょう。

Q/2から垂直に伸びる直線はCで総費用曲線と交差します。Cの縦軸上の位置を示すP2が，生産量が半減したときの総費用となります。この金額は販売価格であるPより大きな額ですので，従来の独占企業は生産量Q/2のときには赤字になることを示しています。

041 新規参入後を想定する

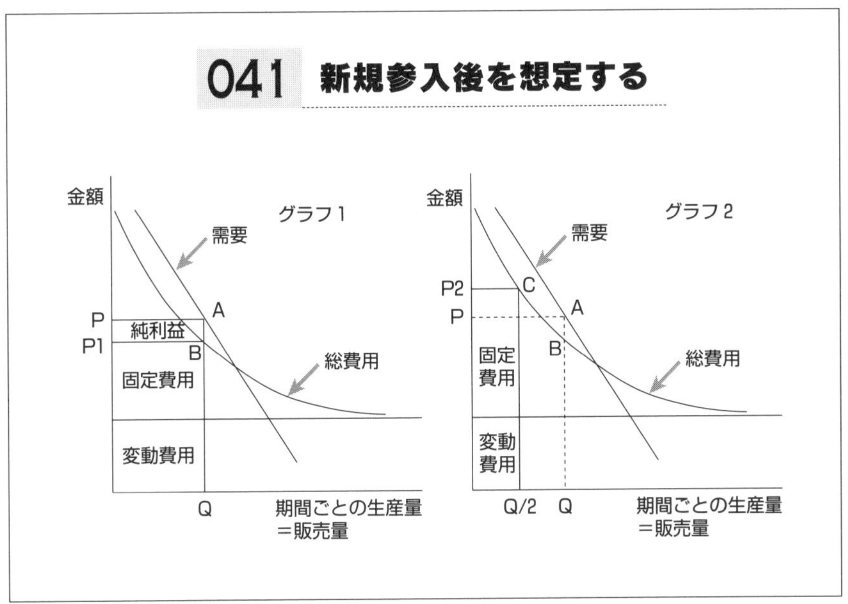

ここからは，慎重に考えていきましょう。生産・販売量がQ/2になる場合，従来の独占企業が赤字になる状況で，残りのQ/2を生産する新規参入業者は黒字になれるのでしょうか。答えは否です。

新規参入業者は，第３章の018で学んだ**経験曲線効果**を，従来から操業している独占企業のようには享受できません。それゆえに，新規参入業者の生産コストは従来の独占企業より大きくなることが予測できます。すなわち，新規参入業者がたとえこの市場に参入しても独占企業以上の赤字になってしまい，参入をあきらめる結果となります。これが参入障壁のメカニズムです。

さらに，新規参入業者に参入コストを生じさせる以下のような業界の構造的条件などがあります。

◆既存企業のもつ**規模の経済**

◆同様に，**範囲の経済**

◆後から参入する企業が不利になる立地条件などの**先行者優位**

◆運転資金の規模が大きい

042 コスト・リーダーの利点
―ポーターによる基本戦略1

Key Words 持久力，持続的な優位性，参入障壁

業界内での対抗度，買い手や売り手の交渉力，新規参入の脅威，代替品の脅威といった5つの競争要因に対する考察から，マイケル・ポーターは次のような2つの基本戦略を考え出すことになりました。

それが，コスト・リーダーシップ戦略と差別化戦略です。彼の考えた基本戦略を採用した企業は，業界内で持続力のある競争優位性を発揮できる，というものです。ここからは，コスト・リーダーシップ戦略を詳しく理解していきましょう。

業界内におけるどの企業よりも低コストを実現するのが，コスト・リーダーシップの基本的な考え方です。低コストを実現するには，規模の経済を追求する方法，その他新技術や低コストの原材料を利用することによって実現する方法などさまざまな方法があるでしょう。ただし，ポーターはその実現方法については言及せずに，競合企業間で最も低いコストを実現することそのものを戦略として提示しています。では，低コストを実現できるならば，どのような持続的な優位性が生まれるのかに目を向けてみましょう。

◆業界内での競争に対する**持久力**

業界内での競争において競合が値下げ競争を仕掛けてきた場合，自社は業界で一番の低コストを実現しているので，競合以上に値下げ余力（持久力）をもっています。このため，業界内での自社の**持続的な優位性**が維持できることになります。

◆買い手の交渉力に対する持久力

買い手が値下げを要求してくる場合，業界内での競合より値下げに対する余力があるために，競合以上の値下げをしてでも販売量を維持することで，持続的な優位性が維持できます。

042 コスト・リーダーシップ戦略

▶業界内で最も低いコストを実現する戦略

・競合企業の値引き攻勢 ← 自社側に持久力
・買い手の値引き要求 ← 競合以上に値引き余力
・供給業者の値上げ ← 値上げを遅らせる
・新規参入業者の脅威 ← 高い参入障壁をもつ
・代替品の脅威 ← 長期的には無力

◆売り手の交渉力に対する持久力

売り手が値上げを要求してくる場合，業界内の競合より値上げに対する余力があるために，値上げを受け入れても製品価格の値上げを遅らせることが可能になり，持続的な優位性が保てます。

◆新規参入の脅威に対する**参入障壁**

すでに学んだように，業界内で事業を展開している企業には経験曲線効果が働いているために，一般的に新規参入業者より低コストが実現できていると考えられます。それゆえに，業界内で最も低いコストを実現している企業は，非常に高い参入障壁をもつと考えられます。

ここで注意しなければならないのが，代替品の脅威に対する優位性の問題でしょう。コスト・リーダーシップの戦略を実現できている企業は，高い参入障壁をもっていると考えられますから，代替品に対する障壁もある程度存在すると考えてよいでしょう。しかし，コストの優位性だけでは，長期的には代替品の脅威に対抗するには無理があるのは自明でしょう。

043 差別化の利点 ―ポーターによる基本戦略 2

Key Words 回避，忠誠心，持久力，ポジション

買い手に対して，価格以外の訴求ポイントを製品やサービスにもたせることができるならば，それが差別化の戦略になります。差別化というと，すぐに高級ブランドなどが思い浮かびますが，技術や製品の特性など差別化するポイントはさまざまでしょう。

差別化の戦略では，差別化ができていればコストは考慮する必要がない，というわけではありません。この戦略を採用する企業にとって，戦略の核となる部分が差別化であって，コストを削減する努力の優先度が若干下がるものだと考えればよいでしょう。差別化戦略を採用していると，次のような持続的な優位性を確保することができます。

◆業界内での競争を**回避**する

買い手が，競合の製品やサービスではなく，自社の製品（サービス）を購入するのは，差別化された自社製品が気に入っているからです。自社製品を気に入ってくれている買い手は，自社に対して**忠誠心**が強いことから，長期的に自社製品を購入し続けてくれます。このような買い手は，業界内の競合の製品に関心を持ちません。

◆買い手の交渉力を回避する

いわゆるブランド品（高級品）と呼ばれる差別化された製品を購入する買い手が，製品の購入の際に値引き交渉をすることはほとんどありません。買い手自身が，他社製品ではなく自社の製品を特別なものとして認識しているからこそ，価格の如何を問わずに購入してくれるのです。このように，差別化された製品に対して，買い手は交渉力を行使しないものです。

◆売り手の交渉力に対する**持久力**

差別化された製品（サービス）は，価格設定に対する自由度が高くなります。自社製品を気に入ってくれている買い手は，その製品が高価であって

043 差別化戦略

▶競合他社と差別化した製品やサービス

・顧客の忠誠心 → 競合他社との競争を回避できる
→ 買い手が値引き交渉をしない
→ 新規参入，代替品が無力

・自由な価格設定 → 売り手の値上げに持久力

も購入してくれます。さらに，高価であるがゆえに，買い手の絶対数が少ないことも忠誠心を高める要因になります。これらの製品は利益率を高く維持することができますので，売り手の交渉力に対して持久力をもつことができるのです。

◆新規参入業者と代替品の脅威を回避する

差別化された製品（サービス）を模倣した新規参入業者が現れたとしても，従来からの買い手は忠誠心が高いために，新規参入業者の製品へは移行しません。また，差別化された製品の買い手が代替品へ移行するスピードは緩慢ですので，これらの脅威を回避することが可能になるのです。

以上のように，コスト・リーダーシップ戦略と差別化戦略を紹介しましたが，ここでなぜポーターの戦略がポジショニングの戦略と呼ばれるのかということに気付くと思います。

コスト・リーダーであることも差別化をしていることも，それぞれがその**ポジション**（状態）にいることを要求しているからです。

044 市場地位別の戦略 —マーケティングの視点１

Key Words リーダー，チャレンジャー，ニッチャー，フォロワー

市場地位別の戦略を考えるために，仮の業界に参加している企業を以下のように分類してみましょう。

最大の市場シェア（仮に40%）を保有する企業を**リーダー**と呼びます。リーダーの座を狙える市場シェア（同30%）で，リーダーに肉薄可能な２番手の企業を**チャレンジャー**。小さな市場シェア（同10%）ですが，独自の生存領域をもっている企業を**ニッチャー**。最後に，市場シェアがリーダーやチャレンジャーより小さく，リーダーが注目しない市場にいる企業を**フォロワー**（同20%）と呼び，業界が上記４社で構成されていると仮定します。

４つの市場地位に分かれた企業の採る戦略は，以下のようになります。

◆リーダーの戦略

最も標準的な戦略は，チャレンジャーにスキを与えないことです。規模の経済を使って販売価格を十分に下げておくことなどは，その典型となります。また，チャレンジャーの攻撃に対して，まったく同じ戦術を使って「直接対決」する方法があります。価格の値引きや新製品の導入などに対して，まったく同じ行動（同質化）を採るのです。

◆チャレンジャーの戦略

チャレンジャーの戦略は，リーダーを攻撃してナンバー１の地位を手に入れることです。ただし，チャレンジャーはリーダーと比較して経営資源が豊富ではありませんから，リーダーと「直接対決」するのは得策ではありません。そこで，リーダー企業が保有していない経営資源を使った差別化が重要ポイントとなるのです。

◆ニッチャーの戦略

ニッチャーの戦略は，狭いセグメントを狙うことになります。このセグメント内で地位を確保するために，狭く深い製品ラインを用意することが必

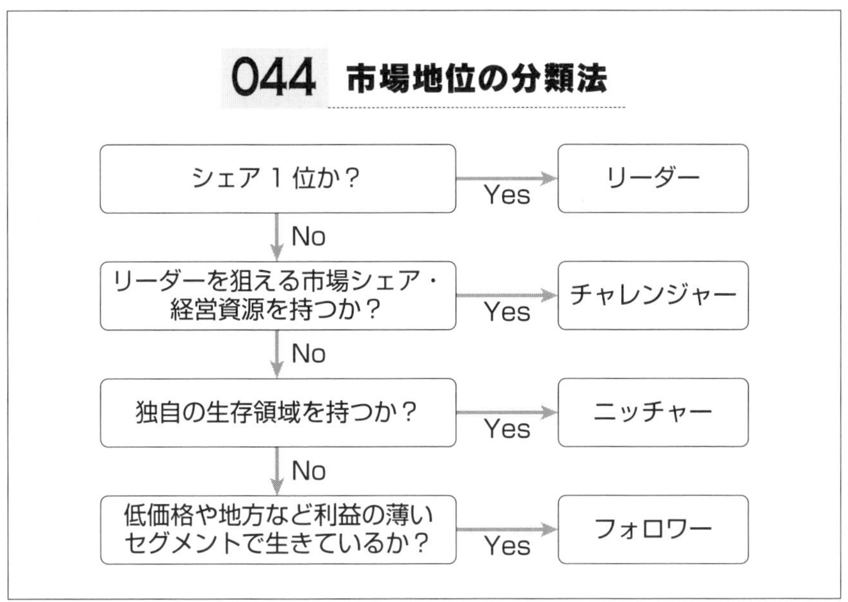

要となります。こうした戦略を採用することで，価格競争に巻き込まれずに安定した売上を確保でき，さらに比較的高い利益率も維持することが可能になるのです。

◆フォロワーの戦略

フォロワー企業の戦略目標は，何がなんでも利益を確保して存続を維持することです。リーダーやチャレンジャーとの競争に巻き込まれると，コストが増加して利益確保が困難になることから，彼らが魅力を感じないセグメントを狙うことになります。このセグメントの顧客はブランドや機能性にはあまり反応しませんが，価格には大きく反応する経済性セグメントと言えるでしょう。

当然ながら，市場は上記の４社だけで構成されているわけではありませんから，紹介した戦略はあくまでも代表的なものだと考えてください。チャレンジャーがリーダーと共生して攻撃してこなければ，リーダーはチャレンジャーに対する同質化ではなく，自社のシェア拡大という戦略を採用するかもしれません。

045 ブルーオーシャン戦略
―マーケティングの視点 2

Key Words　**取り除く，減らす，増やす，付け加える**

従来からの自社のポジションを決めている軸ではなく，新たな軸を創造することで差別化が実現できる場合があります。そのような戦略を，キムとモボルニュはブルーオーシャン戦略と呼びました。競争の激しい従来の市場をレッドオーシャンと名付け，競争のない静かなブルーオーシャンという市場に進出することで，競争のない事業を展開する戦略です。

顧客への効用を高めながら同時に低コストを実現するには，既存の競争の枠組みの中で競争するという考え方を捨てる必要があります。そのために必要な４つのアクションが以下のとおりです。

- ◆顧客にとってすでに無価値であるにもかかわらず，提供するのが当然と企業側が思い込んでいる要素は「**取り除く**」ことで，新しい効用軸が生まれる。
- ◆競争に邁進するあまり，製品やサービスに余分な要素を盛り込みすぎている場合があります。それゆえに，余分な要素を「**減らす**」必要があります。
- ◆顧客に潜在的な不都合を強いていた要素に企業が気付いて，それらの不都合を排除する要素を「**増やす**」ことです。
- ◆買い手に対して新しい効用を与える要素を「**付け加える**」ことです。これによって新たな需要が生まれ，結果として単価を下げることができます。

従来になかった効用軸で自社のポジションを決定し，市場の境界を新たに引き直して競争を回避することが，重要なポイントとなります。こうした境界を越えるためのアプローチの方法として，次の４つが利用できます。

◆代替産業に学ぶ

レストランと映画館は異なった業界ですが，「外出して楽しい時を過ごす」という目的のための互換的な選択肢となります。それゆえに，これらのビ

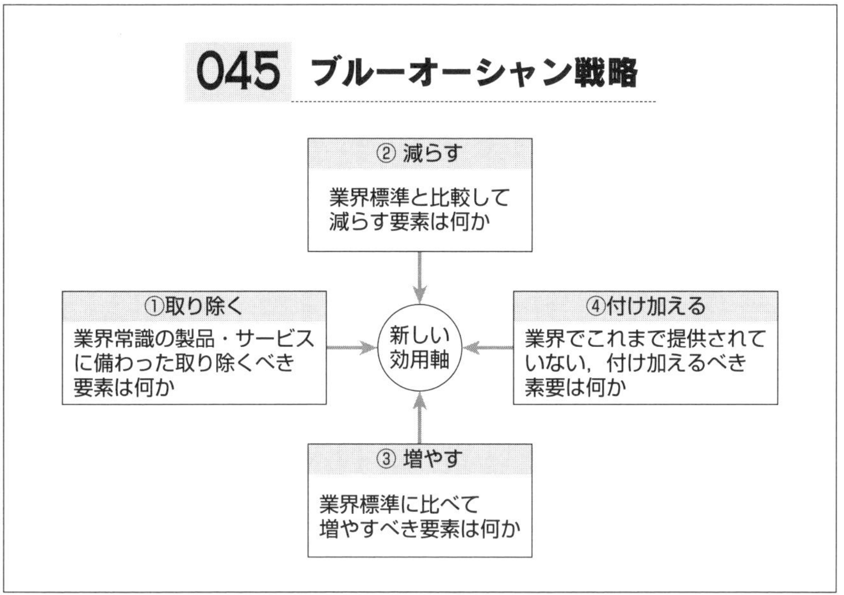

ジネスは代替関係とみなすことができますので，代替産業のビジネスから学べる点は非常に多いのです。

◆業界内の他の戦略グループから学ぶ

業界内には，お互いに似たような企業がそれぞれに戦略グループを形成しています。同一グループ内で競争はするものの，他の戦略グループには注意を向けない傾向があります。顧客が別の戦略グループに移行したなら，その移行の理由を知ることで，新しい効用軸が発見できます。

◆別の買い手グループに目を向ける

企業は自社の顧客（企業）には注意を払っても，その先に存在するエンドユーザーからの情報が入りません。それゆえに，従来からの業界の常識を疑い，別の買い手グループを探索する必要があります。

◆補完材や補完サービスを見渡す

自社の製品やサービスを顧客が購入する際に，買い手がどのようなトータル・ソリューションを求めているかを見極める必要があります。吸ったゴミを溜める紙パックを使わないために，その購入や交換のわずらわしさから顧客を解放することで支持を集めているダイソンの掃除機があります。

第6章 ポイント

① ポーターの提唱した「コスト・リーダー」と「差別化」の戦略を理解する

② 自社の市場地位を確認して，どの戦略を選ぶかを検討する

③ 現在の競争が激しいならば，ブルーオーシャンを発見する努力が重要

参考文献

キム，W. チャン・モボルニュ，R.（2015）『ブルーオーシャン戦略：競争のない世界を創造する　新版』ダイヤモンド社。

コトラー，P.・ケラー，K.L.（2008）『コトラー&ケラーのマーケティング・マネジメント』ピアソン・エデュケーション。

沼上幹（2008）『わかりやすいマーケティング戦略　新版』有斐閣アルマ。

ポーター，M.E.（1995）『新訂　競争の戦略』ダイヤモンド社。

ポーター，M.E.（1982）『競争の戦略』ダイヤモンド社。

第7章

ポジショニングの戦略への批判

☞マイケル・ポーターが提唱した基本戦略が，多くの欧米系企業に受け入れられて非常に有名になったことから，彼の考え方への反論，修正，補足などが施されたさまざまな戦略の考え方が次々と生み出されました。

☞その1つが，コスト・リーダーシップや差別化以外の戦略でも，実は有効だというサローナー，ポルドニー，そしてシェパードによる戦略の考え方です。

☞また，対抗度，脅威，交渉力という言葉で説明された自社を取り巻く環境に，補完的企業の概念を導入したネイルバフとブランデンバーガーによる戦略の考え方があります。彼らの提唱した戦略は，環境を操作不可能なものと考えずに，自社が働きかけることで有利な状況を創り出すというものです。

☞さらに，自社の戦略を優位に展開するために，自社特有の経営資源を活用するという考え方も生まれました。

046 基本戦略への批判 ―新しい考え方1

Key Words 中途半端な立ち往生，可能なフロンティア

マイケル・ポーターは，企業がとるべき戦略をコスト・リーダーシップと差別化の2つに限定して，それ以外の戦略を**中途半端な立ち往生**（stuck in the middle）と呼び，そのような戦略を避けるべきだと主張しました。

しかし，ポーターのこうした考え方を批判する研究者が現れます。その新しい考え方は，サローナー，ポルドニー，そしてシェパードの3名の研究者が主張したものです。

コスト・リーダーの戦略，差別化の戦略，中途半端な立ち往生の戦略を同時に示すために，図を使って説明しましょう。横軸はコストを表します。通常の図表と少し違っているのは，左に行くほどコストが高く，右に行くほどコストが低くなる点です。縦軸は品質を表します。上方向に行くほど品質が高くなっています。

企業が最大限の努力をすると，当該企業の製品（サービス）のコストと品質の関係は，図に示された右上方向に凸の曲線（**可能なフロンティア**と呼びます）上に位置することになります。そして最大限の努力をしているので，どの企業も曲線より右上の領域には出られません。しかも，非常に低いコストではどのように努力しても非常に低い品質の製品（サービス）しか提供できませんから，そのような状態は横軸と曲線が交わる点を想定すればよいでしょう。

こうした製品（サービス）に少しずつコストをかけて品質を向上させていくと，この曲線上を左上方向に移動していきます。初めのうちは，少しコストをかけるだけで品質は格段に向上しますから，曲線は左上方向に急激に上昇します。そこで，比較的低いコストで低い品質のA点をコスト・リーダーのポジションとしておきます。さらに，コストをかけていきますが，かければかけるほど品質が向上するわけではありません。品質の向上スピードが低下していきますから，曲線の上昇率は下がってきます。比較的コストをかけて高品質にしたB点を差別化のポジションとしておきましょう。

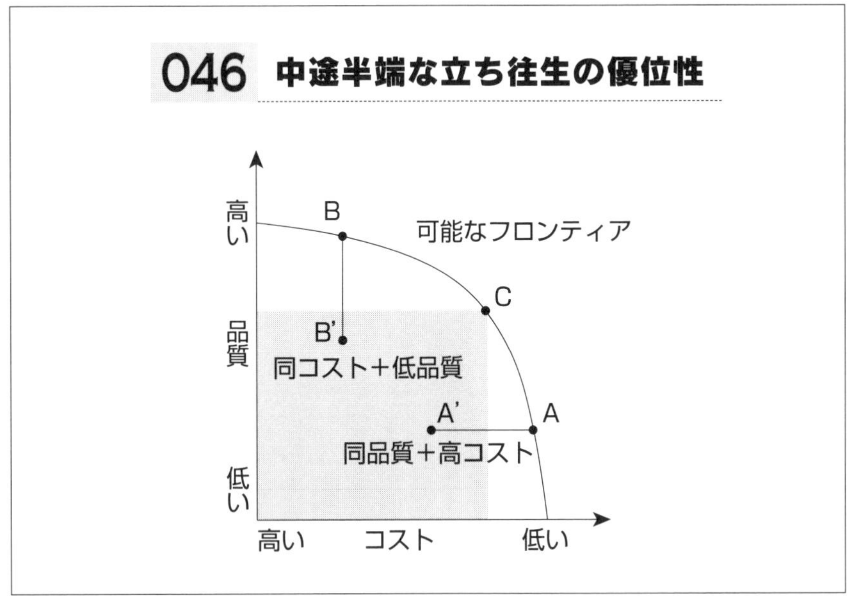

A 点と A'点は同じ品質を達成していますが，A 点は A'点よりコストが低いですからより優れていると言えるでしょう。また同じコストを掛けていますが，B 点は B'点より高い品質を達成していますから優れていると言えます。コスト・リーダーの A 点も差別化の B 点も優れてはいるのですが，A 点でも B 点でもない中途半端な立ち往生の位置にある C 点は，どのように評価すれば良いのでしょうか？

C 点は，中途半端なコストと中途半端な品質を実現した製品（サービス）です。しかし，少なくとも▭で示された領域よりはコスト面でも品質面でも優れており，A'点や B'点より優れていることが分かります。すなわち，C 点のような戦略を採用することも可能だということになるのです。

現実の社会を観察するとよく理解できると思います。たとえば，高額で高級なサービスを提供するホテルが存在し，一方でサービスレベルを極力抑えて廉価な部屋を提供する長期滞在型のホテルも事業展開しています。こうした差別化やコスト・リーダーの戦略以外にも，中庸のサービスを提供する中程度のビジネス・ホテルも存在していることは，皆さんご承知のとおりだと思います。

047 価値相関図 —新しい考え方2

Key Words 補完的企業，競合企業，補完財，相互依存性

1980年代以降，マイケル・ポーターが提唱した5つの競争要因モデルが有名になると，前項と同様に彼の主張に違和感をもつ研究者が，事業環境に対する新しい考え方を提唱するようになりました。そうした研究者の中から，ここではバリー・ネイルバフとアダム・ブランデンバーガーが共同で提唱した考え方を紹介しましょう。

ポーターの考え方では，業界内の対抗度をはじめとして交渉力や脅威など，自社を取り巻く環境にはいわゆる敵ばかりが存在しています。しかも，それらの環境を自社が制御できないために，コスト・リーダーや差別化という有利なポジションを求めることが自社戦略の本質になるわけです。

これに対してネイルバフとブランデンバーガーは，新しく**補完的企業**という概念を持ち込みました。この概念はポーターの考え方の中にはないものですが，一方で，自社にとっての環境要素としての供給業者と顧客は，ポーターが示した売り手と買い手の概念とまったく同じものと考えてよいでしょう。さらに，**競合企業**の概念は，ポーターが示した業界内で対抗する企業の概念と同じものです。こうして，自社と自社を取り巻く環境としての補完的企業，供給業者，顧客，競合企業とのそれぞれの関係を価値相関図と呼びました。

補完的企業とは，自社にとって**補完財**を提供する企業と考えればよいでしょう。補完財とは，コンピュータ産業におけるハードウェアとソフトウェアのように，お互いにその機能を補完することで顧客が得られる価値がより向上するもののことです。

補完財には**相互依存性**があるために，技術革新などで一方の財の性能などが向上すると，他方の財の性能をも向上させようとする力が働くのが一般的です。コンピュータのハードウェアの処理速度が速くなると，その性能を十分に活用できるような新しいソフトウェアが生まれてくるのは相互依存性の典型例だと言えるでしょう。

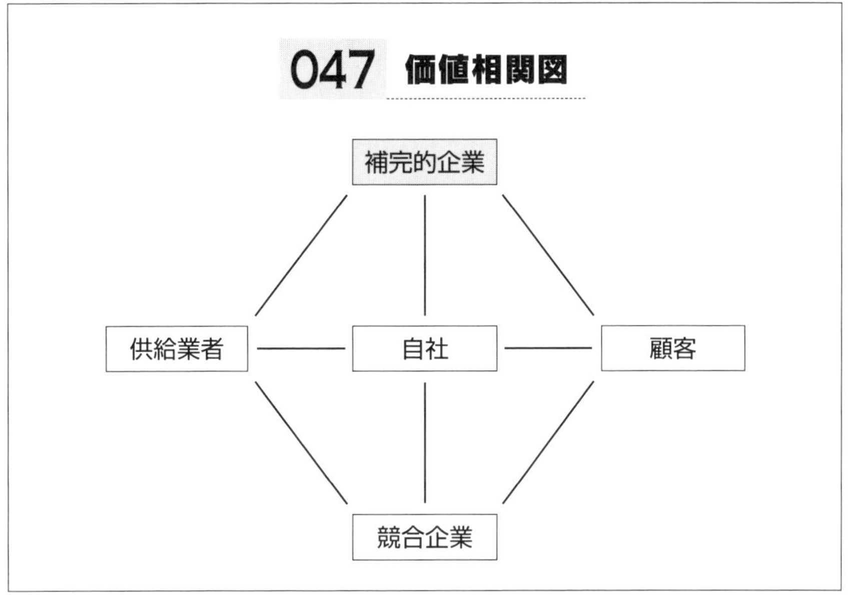

互いに補完財になる関係を，他にもいろいろと探してみましょう。

何も塗らないパンよりも，バターを塗ったパンのほうが美味しいでしょうから，自社がパンを製造販売している企業ならば，バターを製造販売している企業は補完的企業と呼ぶことができます。この両社が揃って事業展開することで，双方の売上が向上することが予想できます。また，高級ブランド品を販売している小売業にとっては，顧客がクレジット・カードを利用することによって高額な商品をより売りやすくなります。それゆえに，高級ブランド品の小売業が自社とするならば，クレジット・カード会社を補完的企業と捉えることができるのです。

このようにネイルバフとブランデンバーガーの考え方の特徴は，自社にとって有利な行動をしてくれる企業が環境内に存在している，という概念を導入したことなのです。我々の周りの現実の経済活動を眺めてみると，自社にとって敵ばかりが存在しているというポーターの環境に対する考え方よりも，ネイルバフとブランデンバーガーの指摘する環境への考え方のほうが，より現実のものに近いと考えられるのです。

048 補完関係と競合関係 —新しい考え方 3

Key Words 補完，競合

ネイルバフとブランデンバーガーが考えるビジネスの世界では，環境要素が自社にとって補完的な役割や競合の関係を作り出します。同時に顧客や供給業者も，自社に対して交渉力を発揮して困らせるだけの存在ではありません。すなわち，補完関係や競合関係という固定的な関係が存在するのではなく，状況が変化すればある企業が補完的企業になったり，あるいは競合企業になったりと，その関係が変化すると考えられるのです。

では，どのような機能を発揮したときに**補完**と言い，あるいは**競合**と言うのでしょうか。その定義について顧客の目線から理解していきましょう。

ある利害関係者の製品を顧客が所有したときに，顧客にとっての自社製品の価値が増加する場合，その利害関係者を補完的企業と呼ぶ。

すでに例として挙げたパンの製造企業とバターの製造企業の関係に置き換えて，理解してみましょう。パン製造企業が自社になり，その利害関係者がバター製造企業です。上記の定義は，バターを顧客が所有したときに，顧客にとってのパンの価値が増加する場合，バター製造企業をパン製造企業の補完的企業と呼ぶ，と読み換えることができます。

では次に，競合関係の定義を挙げておきましょう。

ある利害関係者の製品を顧客が所有したときに，顧客にとっての自社製品の価値が下落する場合，その利害関係者を競合企業と呼ぶ。

同様に，高級ブランド品の小売店とクレジット・カード会社の例に置き換えてみましょう。図で自社製品を高級ブランド品とするならば，クレジット・カードは補完的企業のサービスとなって，消費者である顧客にとってブランド

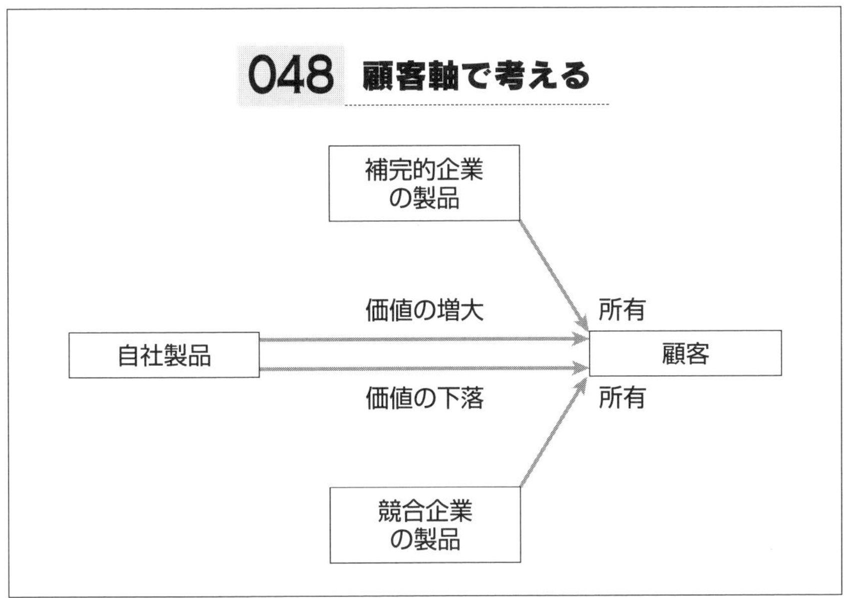

品の価値は増大します。しかし，見方を変えてクレジット・カード会社のＡ社を自社とし，別のクレジット・カード会社であるＢ社が存在する場合，消費者である顧客がＢ社のクレジット・カードを所有すると，Ａ社のクレジット・カードの価値は下落することになります。それゆえに，Ｂ社はＡ社の競合企業となるわけです。

以上から理解できるように，特定の企業が補完的企業であったり，競合企業であったりするのではありません。取引関係によって，その関係は常に変動します。それゆえに，顧客や供給業者の交渉力への対抗力を考える場合と同様に，業界内で事業展開している各々の企業が，どのような場合に自社にとって補完的企業の立場を発揮し，またどのような場合に競合企業の立場になるのかを，十分に観察する必要があります。

一方，供給業者が自社に製品やサービスを供給する場合にも，同様に自社との補完・競合関係となる企業が生まれます。供給業者がある補完的企業に製品（サービス）を供給する場合，自社にとってはその供給業者からの供給が魅力的になり，競合企業に供給する場合には，その供給が魅力的ではなくなるのです。

049 経営資源 ―経営資源の重要性1

Key Words ヒト，モノ，カネ，情報的経営資源

マイケル・ポーターの戦略の考え方の本質は，業界内で自社にとって有利なポジションを見つけるというものでした。そして，そのポジションとはコスト・リーダーか差別化というポジションです。

ポジショニングの戦略が後にさまざまに批判される中で，戦略の考え方は前項のように多様化してきたのですが，これらの議論だけでは説明できない現象があります。すなわち，同じ業界で同じような事業を展開している企業どうしの業績に，なぜ差が表れるのかということです。

そこで，それぞれの企業のもつ戦略実行能力の違いによって，企業の優位性が決定されるという考え方が生まれてきました。この考え方は，我々にとって実に理解しやすいものでしょう。個人の活動を考えれば，それぞれの個人の能力の違いが活動結果に表れるのは当たり前だからです。

では，企業の能力は何に依存するのでしょうか。それが，経営資源というものになります。一般に経営資源とは，**ヒト**（人），**モノ**（物），**カネ**（金），**情報的経営資源**（情報）と言われます。このような経営資源の量や質の違い，そして活用の仕方によって企業業績に差が生じると言われれば，これは非常に理解しやすいものでしょう。

世の中にあるほとんどのモノは，カネで購入できます。土地や建物，そして機械設備，場合によっては相手次第で特許もカネで購入できます。また，カネには色が付いていないと言われるように，現金や預金の1億円は誰が保有しようと，出所がどのようなものであろうと，1億円の価値に違いがありません。このようにカネという経営資源は，それを保有する企業によって量の違いは存在しますが，質の違いはまったくありません。それゆえに，カネとカネで買えるモノという経営資源だけでは，他社との特異性を発揮することが難しいと言えるのです。言い変えると，預金・現金を大量に保有し，広大な土地や大きな工場・付属設備をもつ企業が，常に優位に立てるわけではないということです。

049 経営資源

- ヒト：労働力，技術・ノウハウ・熟練の保有者
- モノ：土地，建物，機械設備など
- カネ：現金，預金
- 情報的経営資源：情報，技術，ノウハウ，熟練，ブランド，信用力など

一方で，ヒトという経営資源は実に複雑な資源と言えます。人数が多ければより多くの仕事ができます。単純労働を考えれば分かりやすいでしょう。能力が高ければより高度な仕事を達成することができます。ただし，ヒトは市場では購入できない典型的な経営資源です。ヒトには自分が就きたい仕事，自分が参加したい企業というように自由意思があります。それゆえに，ヒトの採用や企業内での能力の発揮を促進する方法について，経営者にはさまざまな制度や仕組みが要求されるのです。

情報的経営資源と聞くと，コンピュータの中に記録されている顧客情報や，さまざまな市場情報のようなデータ類を想像してしまいます。もちろん，こうしたデータ類も情報的経営資源である場合があります。しかし，情報的経営資源の主たるものは，当該企業が保有する特異な技術であったり，従業員が保有するノウハウや熟練，さらには長期間かけて構築してきたブランドであったりするのです。

技術やノウハウ，熟練などは従業員であるヒトが保有していることが多いために，このようなところにも経営資源としてのヒトの複雑性が表れます。

050 経営資源を分類する —経営資源の重要性 2

Key Words 汎用性，企業特異性，可変性，固定性

企業が保有するヒト，モノ，カネ，情報的経営資源を，もうすこし具体的に選びだして，分類してみることにしましょう。

分類に際しては，横軸の左に行くほど**汎用性**が高いとし，右に行くほど**企業特異性**が高いとします。それぞれの具体的な経営資源がどの企業にあってもほぼ同等に機能する場合，その経営資源は汎用性が高いとします。また，特定の企業が保有することでその機能が発揮されるものを企業特異性が高いとします。

また，縦軸の上に行くほど**可変性**が高いとし，下に行くほど**固定性**が高いとします。市場で簡単に購入できたり，企業間を頻繁に移動するような経営資源を可変性が高いとします。逆に，特定の企業が自社で生み出して，一般的には他社へ移動しない経営資源を固定性が高いとします。

企業の経営資源の中で最も汎用性が高いものがカネでしょう。カネが有れば，市場に存在しているものなら何でも購入できます。また，そのカネが生み出された経緯に関係なく購買力をもっています。A 社の保有する 1 億円と B 社の保有する 1 億円は第三者から見てまったく同じ価値があるからです。

ただし，同じカネでも短期資金は可変性がより高く，自己資本は固定性が高いと言えるでしょう。短期資金は企業が現金不足の時に銀行から借り入れる資金です。使途は自由ですが，1 年以内に返済する必要がありますから可変性が高いのです。一方，自己資本も使途は自由ですが，会計処理上自己資本として保有し続けなければなりませんから，固定性が高いと言えるのです。

技術，顧客情報，ブランド，信用といった情報的経営資源は，企業特異性が高く，固定性も高い経営資源の典型例です。ある企業がもつ特殊な技術は，当該企業が時間をかけて開発し蓄積してきたものですから，他社にはないという意味で企業特異性が高いと言えます。また，当該企業はその技術によって競争力を維持できているはずですから，他社に販売したりはしないでしょう。その意味で技術は固定性が高いのです。また，ブランドや信用という経営資源は，

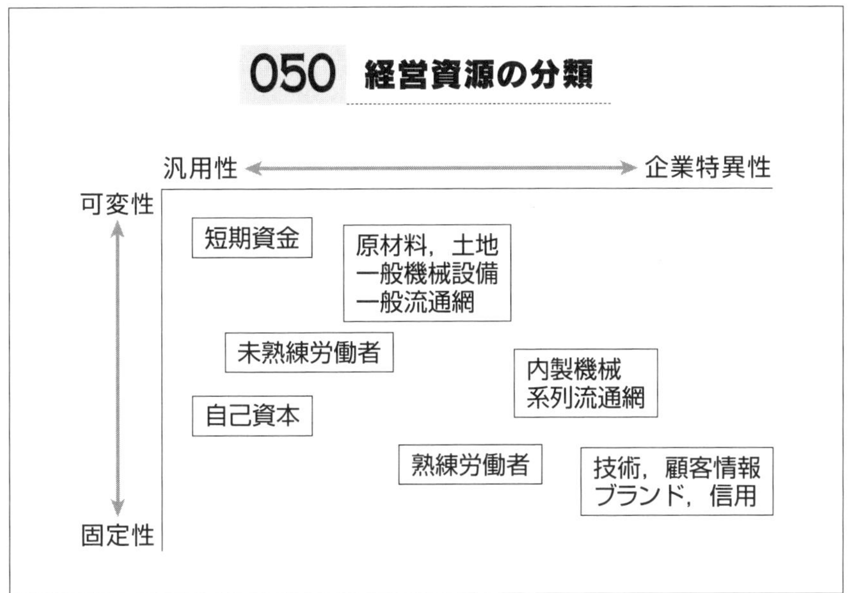

特定の企業に固有のものですから，企業特異性も必然的に固定性が高いものになります。

ヒトという経営資源のうち，未熟練労働者と熟練労働者を比較してみましょう。学生アルバイトのような未熟練労働者は，簡単な作業であるならどのような職種にも就くことができますから，比較的に汎用性も可変性を高いと言えます。しかし熟練労働者は，特定の企業内での長期間の経験や訓練から獲得した熟練を身に付けていますから，その労働者が他社に移動すると，熟練した技能が発揮できない場合が多いものです。こうした観点から，熟練労働者は企業特異性も固定性も高いと考えられるのです。

次にモノという経営資源について，一般機械設備と内製機械を比較してみましょう。調達する側の企業によって汎用的か企業特異的かはさまざまですが，一般機械設備は，市場で購入できるという点で可変性が高いと言えます。しかし，企業が自社内で製作する内製機械は，当該企業でのみ使用されるという点で当然ながら企業特異性が高く，さらに市場性がないという点で一般機械設備より固定性が高いと考えられるのです。

051 情報的経営資源の特徴 ―情報的経営資源1

Key Words 多重利用，ブランド，信用，模倣困難

企業特異性が高く，固定性も高い情報的経営資源をさらに詳しく理解していきましょう。

情報的経営資源は，その特性から言って市場では購入し難いものです。ですから，自社で創り蓄積しなければなりません。そして，それには時間がかかります。短期間で情報的経営資源が蓄積できるならば，それは他社でも同様に短期間で蓄積できますから，企業特異的ではなくなるからです。

さらに，情報的経営資源は一度出来上がるとさまざまに**多重利用**できます。自社で開発して完成させた技術を使って，特異な製品を製造しても，その技術は原材料のように消費されるものではありません。同じ技術を反復して使用することができます。このような意味で多重利用が可能なのです。

顧客情報のようなデータは何度でもコピーできますから，企業活動のさまざまな局面で同時に利用することができます。また，このようなデータは使用しても消費されるわけではありませんから，同様に多重利用が可能なのです。

ブランドや**信用**という情報的経営資源はどのように理解すればよいのでしょうか。ブランド力がある，あるいは信用力があるという表現はよく使われます。しかし，これらは当該企業が保有しているというよりは，顧客の側が当該企業をそのように評価している，と言ったほうが良さそうです。

経営資源としてのブランドとは，当該企業が長い期間の事業活動でそのブランドが顧客に受け入れられて生まれたものです。信用も，長い時間をかけた正当な活動によって当該企業が顧客に受け入れられたからこそ，顧客の側に生まれたものでしょう。ブランドや信用を一度獲得した企業は，それをさまざまな局面で活用することができます。ブランド力があれば，多角化しても成功する確率が高くなります。信用力があれば，どのような企業活動をしても顧客からは暖かく見守られるでしょう。しかも，ブランドも信用もさまざまな局面で繰り返し利用できることから，やはり多重利用が可能なのです。

051 情報的経営資源の特徴

3つの性質	・カネを出しても買えない。だから自分で創る ・創るのに時間がかかる ・複数の製品や分野で多重利用ができる
模倣の困難さ	・時間やコストがかかりすぎるために，実質的に模倣できない ・模倣の方法が分からない ・自社の都合で，模倣できない

さらに，情報的経営資源はその特性から他の企業が模倣することが困難です。この**模倣困難**な状態は次の３つに分類できます。

- ◆時間やコストがかかりすぎるために，実質的に模倣できない
- ◆模倣の方法が分からない
- ◆自社の都合で模倣できない

ブランドそのものが顧客に受け入れられて，そこから収益が獲得できるまでには時間や経費が相当かかります。すなわち，後発企業が模倣する場合にも同じ時間と経費を必要としますので，実質的には模倣は困難でしょう。また，行列のできるラーメン店のスープの味は，原材料や調理の工程が分からなければ，模倣の方法が分からないということになります。さらに，自社が複数の卸売企業と多数の小売店を含めた巨大な流通ルートを保有していると，それらとの関係を簡単には遮断することはできませんから，インターネット経由の通信販売事業に簡単には進出できないように，自社の都合で模倣ができないことがあるのです。

052 情報的経営資源による戦略
—情報的経営資源 2

Key Words 見えざる資産，コア・コンピタンス

それぞれの企業のもつ戦略実行能力の違いによって，企業の優位性が決定され，しかもその戦略実行能力が経営資源に依存するならば，企業の能力の中核部分は，情報的経営資源になるでしょう。なぜなら，各企業の能力に差を生み出す経営資源とは，企業特異性が高くしかも固定性も高いものでなければならないからです。企業特異性が低いならば，どの企業も保有できます。また固定性が低いならば，企業間の移動が簡単に行われるために，企業間の戦略実行能力に差を生み出せません。

さらに，情報的経営資源は市場で調達することができませんから，企業が自社の事業活動の結果として生み出す必要があります。すなわち，経営資源としてのヒト，モノ，カネ，情報的経営資源を事業活動に投入（インプット）して，カネと情報的経営資源が結果（アウトプット）として生み出されるのです。また，情報的経営資源の多くが企業の構成員によって生み出され蓄積されるので，この資源の担い手はヒト以外には難しいと言えるでしょう。

他の経営資源であるヒト，モノ，カネはその実体がありますから，目に見える資源です。しかし，技術，顧客情報，ブランド，信用などは多重利用ができて，使用しても消費されないという性質がありますから，実体がありません。それゆえに，**見えざる資産**と呼ばれることもあります。

この見えざる資産の担い手としてのヒトと，汎用性が高く可変性に富んだカネの2つが，目に見える経営資源の中では最重要の資源と言えるでしょう。

ここまで説明してきた情報的経営資源に近い概念として，ハメルとプラハラードという研究者は，**コア・コンピタンス**（Core Competence）という概念を提示しました。コア・コンピタンスとは「顧客に対して他社にはまねのできない自社ならではの価値を提供する企業の中核的な力」と定義されています。この定義からは，企業の中核的な力が情報的経営資源から形成されることがよく分かると思います。

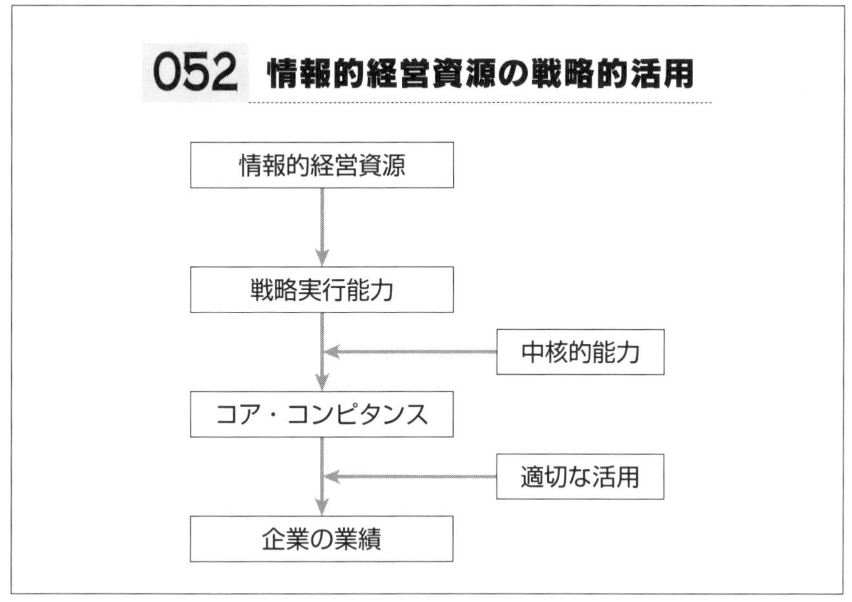

企業の戦略実行能力とは個別のスキルや技術を示すのでなく，むしろそれらを束ねたものと考えるのがよいでしょう。ヤマト運輸（2022年現在，ヤマトホールディングス）が展開している宅急便のネットワークは，家庭や企業から出る小荷物を集荷し，それを全国に配送するロジスティクスとそのネットワークを管理するスキルを統合したものです。

ただし，こうしたスキルや技術の束は，佐川急便や日本通運の宅配便でもほぼ同様のものを利用しています。ですから，これらはヤマト運輸の優位性の根拠となるコア・コンピタンスとは言えないのです。

ヤマト運輸のコア・コンピタンスはその独自性に着目しなければなりません。すなわち，同社のドライバーの仕事が荷物の集荷・配荷だけではないことがポイントです。集配荷する家庭や企業に対して，新しい発送伝票を置いてくるなどの営業活動，新しい集配荷拠点となる取次店の開拓，さらには新しい営業エリアの拠点場所の決定・設置なども同時に行っています。

こうした多重業務が行えるドライバーの存在が，ヤマト運輸のコア・コンピタンスであり，彼らの競争優位性を支えているのです。

第7章 ポイント

① コスト・リーダーシップや差別化だけが戦略ではない

② 現実の社会には，競合以外に補完的企業も存在する

③ 情報的経営資源を自ら創り，蓄積することが重要

参考文献

青島矢一・加藤俊彦（2003）『競争戦略論』東洋経済新報社。

ハメル，G.・プラハラード，C.K.（1995）『コア・コンピタンス経営：大競争時代を勝ち抜く戦略』日本経済新聞社。

伊丹敬之・加護野忠男（2003）『ゼミナール経営学入門　第3版』日本経済新聞社。

ネイルバフ，B.J.・ブランデンバーガー，A.M.（1997）『コーペティション経営：ゲーム論がビジネスを変える』日本経済新聞社。

サローナー，G.・シェパード，A.・ポルドニー，J.（2002）『戦略経営論』東洋経済新報社。

第8章

市場適合の戦略

☞情報的経営資源から生まれる戦略実行能力によって，各企業間でその業績に差が生じる，と考えるのは自然なことでしょう。この章では，こうした能力を使って実行される戦略の中でも，市場に適合する戦略を学んでいきます。

☞自社の製品やサービスを購入してくれるのはお客さま（顧客）ですから，企業活動が顧客に適合できるかどうかは，非常に重要なポイントとなります。自社はどのような人々（企業）を顧客として，それら顧客にどのように適合するのか，を学びます。

☞さらに，マイケル・ポーター等が指摘した自社を取り巻く市場環境の中での競争にも，目を向ける必要があるでしょう。こうした競争環境に適合した戦略も，企業にとっては必要となります。

053 ターゲット顧客を決める —顧客とは1

Key Words 顧客層，創業，立て直し，狭く設定

創業から20～30年あるいはそれ以上の年月を経過した企業にとっては，自社の**顧客層**が幅広くなって，本来の中心層がどのような顧客だったのかが分からなくなっている企業もあるでしょう。そのような幅広い顧客層は，企業の事業活動が成功した結果として，歴史が創り上げてきたものなのです。一般に企業が，事業を**創業**したり，あるいは**立て直し**する際には，自社がどのような顧客と取引するかを明確に定義する必要があります。市場には幅広く顧客候補がいますが，その中から自社が対応したい顧客を積極的に選択するのです。

1970年代に日本で初めて宅急便ビジネスを始めたヤマト運輸（2022年現在，ヤマトホールディングス）は，事業開始にあたってターゲット顧客を主婦に絞り込んで，家庭から家庭への荷物の配送サービスを開始しました。また，ユニクロの幅広い顧客層の外にいる低価格商品を好む顧客をターゲットにして，ファーストリテイリング社の事業拡大を狙ったGUは，業績不振後にターゲット顧客を若い女性に変更してからは，業績が順調に回復しています。

企業は多くの顧客を確保したいと考えて，ついつい広い顧客層を狙ってしまいがちです。そのような発想では「二兎追うものは，一兎をも得ず」という結果に終わる場合が多いのです。最初から幅広い顧客層をターゲットにすると，経営資源が分散されることと顧客への製品（サービス）の訴求ポイントがぼやけてしまいます。

一方，ターゲットを**狭く設定**すると，戦略を決めるときの発想に焦点を絞ることができます。それゆえに，自社のターゲット顧客を絞り込むことが非常に重要なのです。また，ターゲットを絞るということは，ターゲットとしない顧客層を思い切って捨てることを意味します。すなわち，それらの顧客層に受け入れられなくても仕方ない，と覚悟することが重要なのです。

ターゲットを絞り込むと，市場が小さすぎて事業として成り立たない，と心配になるかもしれません。しかし，自社の製品（サービス）の訴求ポイントが

ターゲット顧客に適合していると，それらの顧客が購入してくれると同時に，似たようなニーズをもつ人々も興味をもつようになるのです。

こうしてターゲット顧客を絞り込んで成功した事業は，ターゲット層の周辺の人々をも顧客に取り込みながら市場を拡大していきます。また，波及効果として新しい製品（サービス）を生み出していくことが可能になります。

主婦をターゲットとしてスタートした宅急便ビジネスが世間に認知されるようになると，顧客層が拡大し新たなサービスとしてゴルフやスキーの宅急便も生まれることになりました。若い女性をターゲットにしているGUでは，同世代の男性向けの商品を開発することで顧客層を拡大化させつつあり，さらにシニア世代へと顧客層の拡大化が起きています。

こうした成功は，次のような2つの情報的経営資源を生むことになります。

◆製品（サービス）の知名度と企業への信頼
◆事業の成功過程で生じる企業内でのノウハウや自信

これらの情報的資源が，さらに顧客層を拡大させていくことになるのです。

054 ニーズの多様性 ―顧客とは 2

Key Words 顕在化したニーズ，潜在的ニーズ，未知のニーズ

顧客がもっているニーズについて「誰が知っているニーズか」「すでにニーズに対応する製品やサービスが提供されているか」という基準で分類すると，次のような3つになるでしょう。

顧客	企業	製品（サービス）	ニーズの分類
知っている	知っている	すでに提供されている	⇒　顕在化したニーズ
知っている	知らない	提供されていない	⇒　潜在的ニーズ
知らない	知らない	提供されていない	⇒　未知のニーズ

以上の3つのタイプのニーズに対して，企業がとるべき戦略的対応は次のようなキーワードで表現できるでしょう。

◆奪う

顧客がもつ**顕在化したニーズ**に対して，企業がすでに製品（サービス）を提供していますから，自社の戦略は顧客のニーズにより適合した製品を提供することで，他社から顧客を「奪う」戦略が必要になります。

◆知る

顧客は，こんな製品（サービス）があれば良いなと感じているのですが，企業側がそれに気付いておらず，製品が提供されていない**潜在的ニーズ**が存在している状態です。企業は競合に先んじてこの潜在的ニーズの存在を知って，製品の供給を準備する必要があるでしょう。さらに，そのニーズがなぜ顕在化しなかったかのボトルネックを発見して，そのボトルネックを解消する戦略が必要となります。

054 多様なニーズへの戦略

▶顕在化したニーズ ⇐ 奪う戦略
例）日本の自動車市場

▶潜在的ニーズ ⇐ 知る戦略
例）シマノのMTB用変速機

▶未知のニーズ ⇐ 掘り当てる戦略
例）スマートフォン

◆掘り当てる

顧客も企業も必要だと感じていない製品（サービス）に対する**未知のニーズ**ですから，企業の側がそのニーズを掘り当てるしかありません。こうした戦略を実践するには，試行錯誤による戦略的な実験が必要となります。

電気自動車への移行期にある自動車産業ですが，日本はすでに成熟期を迎えている市場です。それゆえに，顕在化したニーズのもとでは，自動車各社はお互いのシェアを奪い合っているのです。

1980年代のアメリカで，子供たちが自転車で近所の小高い丘や荒れ地を走り回っていたのを見たシマノは，従来はなかったマウンテンバイク（MTB）の市場が生まれることをいち早く察知して，MTB 用の変速機の商品化に一番乗りできました。

ガラケー全盛の時代に，世界中の誰もがスマートフォンを欲しいとは思っていませんでした。しかし，アップルが2007年に iPhone を発売したことを契機として，現在（2022年）では世界中の人々がスマホをもつようになっています。

055 ニーズの束への適合 ―顧客適合の戦略1

Key Words 製品そのもの，価格，補助的サービス，ブランド，ニーズの束

企業が自社のターゲットとする顧客を決めて，そのニーズを満たす製品（サービス）を継続的に提供できれば，長期的に発展することが可能でしょう。そこで，ここからは顧客のニーズについて詳しく検討していきます。

顧客が特定の製品（サービス）を購入するのは，それらに何らかの価値を見出したからです。それらの価値に対する欲求をニーズと呼びましょう。そして，ニーズは次のように4つに分類することができます。

◆**製品そのもの**（性能，品質，デザイン，付帯ソフトなど）
◆**価格**
◆**補助的サービス**（アフターサービス，支払条件，購入のしやすさなど）
◆**ブランド**（製品や企業のイメージ，社会的評価など）

顧客は，これらを一括りにした**ニーズの束**として漠然と認識していて，人によってそれぞれのニーズに対する濃淡があるわけです。それゆえに，ニーズの濃淡に対応する次のような戦略が必要となります。

◆自社が訴求するニーズの核を明確にする
◆核が明確化できたら，ニーズの束全体への目配りをする
◆顕在化していないニーズに対して，何がボトルネックとなって顕在化していないのかを明らかにして，そのボトルネックに適切な手を打つ

企業が提供する製品（サービス）が，顧客のもつニーズの束すべてを満足させることは不可能です。それゆえに，ターゲット顧客のニーズの束の濃淡に焦点を合わせることになります。この戦略が成功すると，似通ったニーズの束を

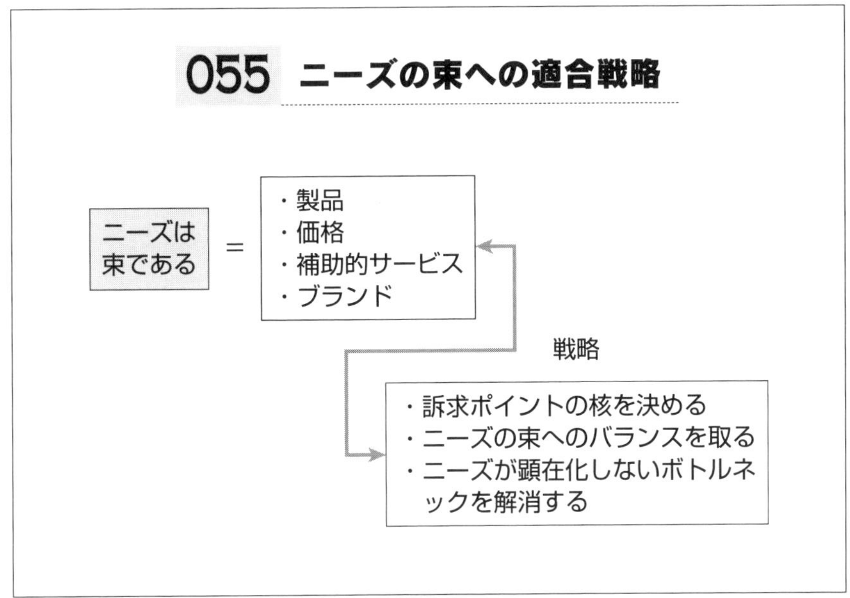

もつ顧客にも訴求することができ，市場拡大が可能になるのです。

たとえば，ほぼ同等の品質と価格帯の競合製品が多ければ，補助的サービスで差別化を図ってターゲット顧客に訴求できます。この戦略が成功するとブランドが定着し，多くの潜在顧客に認知されることになります。こうしたブランド力を維持するために，製品そのものの性能・品質を改善するなどによって顧客層をさらに拡大することができるのです。

ただし，補助的サービスを訴求の核にする場合でも，他のニーズを無視してはいけません。顧客に適合する補助的サービスを実現した上で，他のニーズへの心配りをしておく必要は十分にあります。もちろんのことですが，他のニーズを訴求の核にする場合も同様でしょう。

顧客と企業の双方がニーズとして了解しているものが，顕在化したニーズであることは前項で学びました。顕在化しているニーズに対しては，顧客からその詳細を聞き取ることが可能ですから，企業側が製品（サービス）によってそのニーズを満足させることは比較的容易です。一方，殺虫剤でおなじみのアース製薬は，「殺」の文字を嫌う潜在顧客がいることを発見し，従来の殺虫剤を「虫ケア商品」と呼び変えることで，ボトルネックの解消を実現しています。

056 変化するニーズへの適合 —顧客適合の戦略 2

Key Words 空間，多様化，時間

顧客がもつニーズの束は均質ではありません。同じ製品（サービス）に対するニーズが日本人と外国人とでは異なっているように，ニーズの束は**空間**的（地理的）に**多様化**しています。さらに，ニーズの束は**時間**の経過とともに変化します。年齢を経ると人の好みが変化するということもありますし，同じ世代といっても，そのニーズの束は時代によって大きく変わっていきます。

空間的に変化するニーズの束に対応するには，次のような戦略が必要になるでしょう。

- ◆ターゲットを絞る
- ◆ユニークな細分化を図る
- ◆細分化のデメリットへの解決策を用意する

自社の経営資源には制約があるのが常ですから，多様なニーズの束に対して全方位で戦略展開することはできません。それゆえに，本章の冒頭で学んだようにまず自社の顧客を誰にするのか，というターゲットを絞ることが重要になります。ターゲットを絞る際には，ユニークな（自社独自の）細分化ができれば差別化が有効に機能します。ユニークな細分化をするという手間をかけることで，競争優位性を確保する戦略なのです。

バブル経済の崩壊以降，日本の家電メーカーの国際競争力は低下したと言わざるを得ませんが，現在（2022年）ではユニークな細分化を図って業績を伸ばしている家電メーカーがあります。バルミューダは，家電品に対してプラスαの価値を求めるようになった日本の比較的富裕層をターゲットにして，一味変わった高級家電を訴求することで成功しています。

細分化したターゲットを対象にした製品（サービス）も，成長の過程で細分化したがゆえのデメリットが顕在化してきます。そうしたさまざまなデメリッ

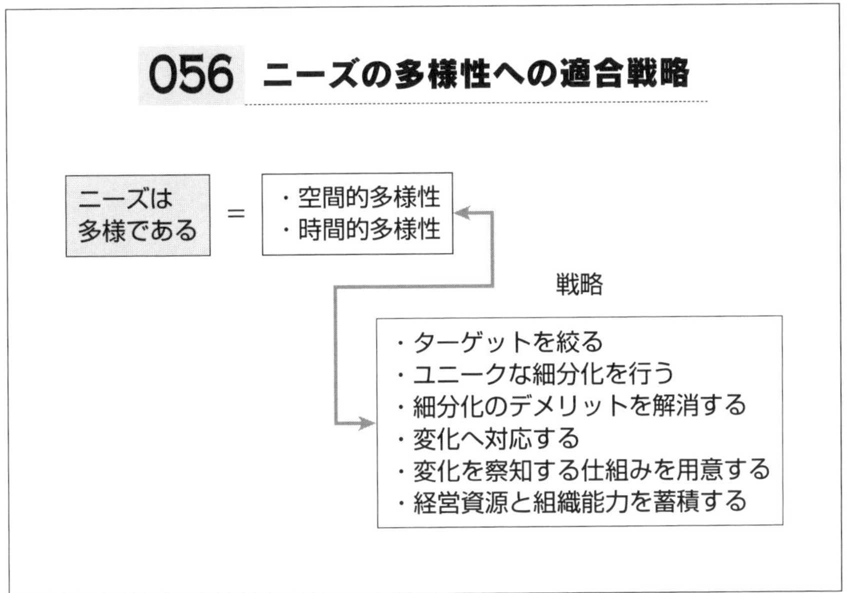

トへの解決策を事前に用意することも重要な戦略となります。

一方，ニーズの束の時間的な変化に対する戦略として，次のことが重要になります。

◆予知可能な変化への戦略を事前に用意する

◆変化を察知しやすい仕組みを用意する

◆不確実な変化に対応できる経営資源と組織能力を蓄積しておく

10代前半の女子がお小遣いで買える洋服を提供してブランドを確立したハニーズは，顧客の年齢の変化に応じてより高い年齢層の製品へとそのバリエーションを増加させました。また，同社のマーケティング部員は定期的に東京の繁華街で通行人を観察しており，ファッションの細かな変化を察知する仕組みをうまく運営しています。

さらに，どのような企業であっても環境の不確実な変化に対応できる経営資源と組織能力を蓄積しておくことが重要であることは言うまでもないでしょう。

057 競争相手は誰か —競争適合の戦略 1

Key Words 類似品，代替品，異なった製品

顧客のもつニーズに適合できたとしても，独占企業でない限り市場には競争相手がいるはずです。そうした競合にはどのように適合（対応）すればよいのかを学んでいきましょう。

一般的に競合とは，自社と比較して大小の差はあるにしても，**類似品**（サービス）の生産者だと考えるのが普通でしょう。しかし，競合は意外なところに潜んでいる可能性があるのです。そのような実態を歴史から学びましょう。

1970年代までのコンピュータと言えば大企業に設置されるメインフレームの大型コンピュータで，IBMをはじめとする各メーカーは同業他社を競合とみなしていました。一方で80年代になると，小型コンピュータが学生をはじめとする個人のオモチャとして出現します。当時のメインフレーム・メーカーは，オモチャを製造している弱小企業を競合とはまったく認識していませんでした。しかし，その後の技術の進歩によってオモチャが実用的なコンピュータへと進化し，企業や個人の必需品となったのです。このような**代替品**（サービス）の登場は現在（2022年）でも見られます。企業や個人にとって実用的なパソコンの機能の大部分は，ポケットに収納できるスマホでも使えるようになりました。

以上から学べることは，誰を競合と認識するかということの重要性です。一般的に，企業は次の３種類の競合が存在すると考える必要があります。

◆類似品（サービス）の生産者
◆代替品（サービス）の生産者
◆購入者の目的は同一だが，**異なった製品**（サービス）の生産者

上記の類似品・代替品の生産者については，すでに理解できているでしょうから，３番目について詳しく説明していきましょう。一般の個人が自分のヒマ

057 潜在的な競合

- 類似品（サービス）の生産者
- 代替品（サービス）の生産者
- 購入目的が同一の，異なった製品（サービス）の生産者

な時間を，費用がかかってもよいから何かをして有意義な時間消費をしたい，と考えた場合を想定してください。さまざまな行動パターンが考えられます。レストランに行って食事をしたり，映画を観たり，アミューズメント・パークに行くのも良いでしょう。これらのサービスの生産者はそれぞれ競合になるわけです。ただし，これらは深夜には営業していないのが普通です。顧客にとって，深夜に時間消費が可能な場所は非常に限られるのです。

一方，ドン・キホーテは24時間営業と圧縮陳列という独特の商品陳列技術で，顧客に深夜の時間消費を提供できています。時間消費というニーズに限定すると，ドンキにとって昼間の競合はスーパーやコンビニではなく，レストランや映画やアミューズメント・パークになります。しかし，深夜になるとほとんど競合が存在しない状態が生まれることが分かります。それゆえに，ドンキは30年以上にわたって成長してきたのです。

このように競合はじつに広範囲に存在しているのですが，企業が誰を競合として選択するかは非常に難しい課題です。業界での過去の常識や自社の事情によって正しい選択ができる場合が少ないからです。そこで次項から，競合への適合戦略を理解していきます。

058 差別化による競争 —競争適合の戦略 2

Key Words ニーズの束への差別化，サイクルを回す，仕事の仕組み

すでに学んだように，ポーターは戦略の１つとして差別化を提示しましたが，その具体策には言及していません。そこで，ここからは競争適合としての差別化の具体的な内容を学んでいきます。

自社が競合すると決めた相手に対してどのような差別化の戦略を展開するのかは，顧客のもつ**ニーズの束への差別化**として考えることができます。

◆製品の差別化

製品（サービス）の機能や品質そのもので競合との差をつくる。一般には最も有効な差別化戦略だと考えられています。

◆補助的サービスの差別化

納期，納入時の補助，アフターサービス，便利な金融手段の提供など，購入しやすいサービスを提供する戦略です。

◆価格の差別化

製品（サービス）が類似していても，安い価格で差別化する戦略，すなわち，低価格戦略です。

◆ブランドの差別化

顧客にブランドへの忠誠心が生まれれば，価格が高くても類似製品（サービス）ではなく自社製品（サービス）を買ってもらえる戦略です。

上記の戦略のうち，ブランドの差別化が最も有効なのですが，時間がかかるのが難点でしょう。それゆえに，まず製品の差別化によって顧客の関心を引きつけ，次に補助的サービスの差別化によってさらに顧客層を拡大し，その結果として，規模の経済による価格の差別化を実現するのが順当な戦略と言えるでしょう。そのような**サイクルを回す**ことで，時間はかかりますが結果としてブランドの差別化も実現できるのです。

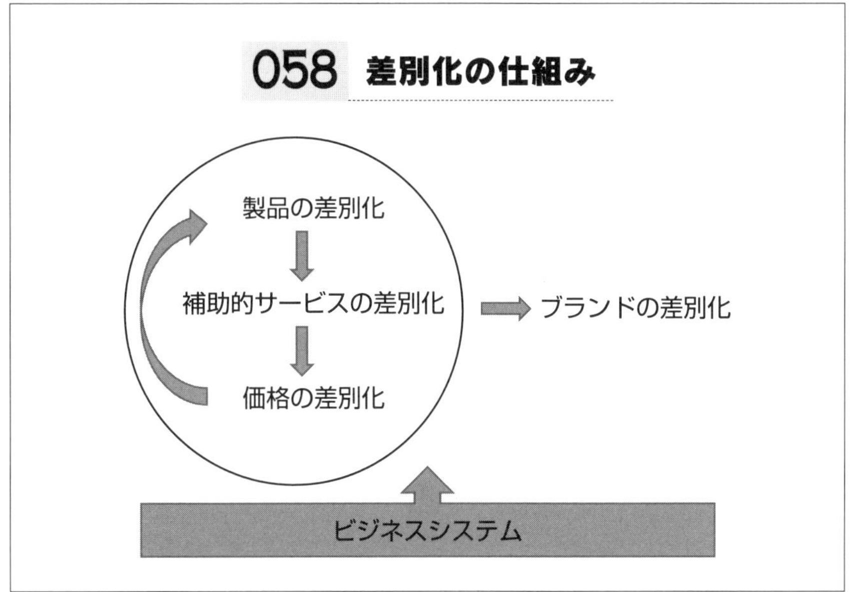

一方，前記の差別化を実現するために，製品（サービス）を顧客に届けるまでの**仕事の仕組み**が整備できているかどうかが大きな課題となります。すなわち，自社のビジネスシステム（仕事の仕組み）を巧妙に作り上げることで，次のような他社との差別化が図れるのです。

- ◆システムとして仕事ができる仕組みをもつことで，短期的ではない持続的な差別化が実現できます。
- ◆ビジネスシステムは複雑な現場の仕事の仕組みであることから，外部からは分かりにくいため，差別化要素となり得ます。

本項での差別化の要点は前記のニーズの束への差別化のようにみえるのですが，実はその差別化のためにはビジネスシステムの整備が前もって必要なのです。製品，補助的サービス，価格の差別化は，短期的なら企業が無理をして実現可能かもしれませんが，持続的に差別化のサイクルを回すには，企業内でのビジネスシステムが完備できている必要があるのです。このビジネスシステムについては，次章で詳しく議論しましょう。

059 競争構造を変える ―競争適合の戦略３

Key Words 反撃を阻止，裏道を行く，圧倒的な差別化，圧倒的な蓄積

差別化によって自社が優位に立った場合でも，競合が反撃してくる可能性はゼロではありません。そこで，本項ではその反撃に備えるための競争構造を変化させる戦略の考え方を学びます。

競合の**反撃を阻止**する方法が２つ考えられます。１つめは競合の反撃意欲を削ぐことです。そして，２つめは反撃障壁を作ることになります。競合の反撃意欲が削がれる要因は，反撃しても利益が少ない，あるいは反撃すると逆に不利益が生じる，ということでしょう。そのような構造を作るために，以下の戦略が考えられます。

- ◆競合の首を，自分で締めさせる
- ◆自社の先手によって，競合を牽制する
- ◆競合に対する，再反撃の用意を誇示する

競合の主力商品の代替品を自社が出したなら，競合が自社製品の類似品を出して来るでしょうが，その類似品は競合の主力商品との間にカニバリゼーションを起こして，競合は自分の首を絞めてしまいます。自社が先手を取って大規模な設備投資をすると，競合は産業内での過剰投資を心配して投資自粛を考慮することになります。さらに，自社の戦略を徹底して実行することで，競合に対して自社の再反撃の意気込みが伝わり，反撃意欲を削ぐことができます。

次に，３つの反撃障壁について考えてみましょう。

限りのある経営資源を自社が確保すると，競合はその資源を獲得できません。たとえば，銀座四丁目の角地一階を押さえると競合は同じ場所を確保できませんから，先手を取ることで障壁が生まれます。２つ目は，特許による技術の保護となります。そして３つ目が，競合が調達し難い資源を競争上の武器になる

059 競争構造を変える

競合の反撃を阻止する		・反撃意欲を削ぐ ・反撃障壁を作る
自社が裏道を行く		・ニッチに移行する
自社が圧倒的に	差別化する 情報的資源を蓄積する	・競合は反撃を諦める

ように，競争のルールを変化させることでしょう。

一方，自社が**裏道を行く**，あるいは競合に裏の道を行かせる，という少々巧妙な戦略も考えられます。その典型例が，第６章の044で学んだニッチャーのポジションを選択することです。第６章では，ニッチャー企業が選択する戦略そのものを学んだのですが，この項で学ぶ点は，産業内で敢えて自社がニッチを選ぶという戦略なのです。ニッチですから小さな市場しかありません。当然，うま味が少ないために大企業は参入してきません。自社がニッチで市場を押さえることができれば，中小の追従企業も参入を諦めることになります。

さらに，競合に裏の道に行かせる，という戦略も考えられます。自社のビジネスの土俵に競合を上げないためには，特許・外貨規制・輸入制限・立地規制など制度的障壁があります。そのような障壁をつくるように政治的働きかけをする方法もあります。ただし，これは前記の反撃障壁を今から構築するという戦略になります。

しかし実は，自社が明確なブランドイメージを構築して**圧倒的な差別化**を実現したり，情報的経営資源の**圧倒的な蓄積**をすることで，競合に対して土俵に上がることを諦めさせることができるのです。

第8章 ポイント

① ターゲット顧客は狭く選択する

② 顧客のニーズは束であり，多様である

③ ビジネスシステムを整備して，差別化のサイクルを回す

参考文献

伊丹敬之（2012）『経営戦略の論理：ダイナミック適合と不均衡ダイナミズム　第4版』日本経済新聞出版社。

伊丹敬之（2003）『経営戦略の論理　第3版』日本経済新聞社。

伊丹敬之・加護野忠男（2003）『ゼミナール経営学入門　第3版』日本経済新聞社。

第9章

ビジネスシステムと技術

☞競合との差別化の源泉となるビジネスシステムの重要ポイントを理解することから，この章は始まります。なお，ビジネスシステムの概念がビジネスモデルの一要素となっていることについても簡単に言及します。

☞ビジネスシステムの基本構造の考え方を理解した上で，ビジネスシステムを支える技術については「目からウロコ」のような解釈もありますので，興味が促進されるでしょう。

☞企業が保有するコア技術をうまく機能させる戦略が深く理解できると，技術適合の戦略がいかに重層的に形成されているかが分かります。

060 ビジネスシステム　―ビジネスシステムの本質1

Key Words　自社で行う仕事，他社に任せる仕事

企業は，顧客に製品やサービスを提供するためのビジネスシステムを完備して，そのシステムを適正に稼働させるための技術を蓄積する必要があります。前章で学んだように，ビジネスシステムをうまく機能させることによって，企業の製品・補助的サービス・価格の差別化のサイクルを回し，さらにブランドの確立を目指すのです。また，ビジネスシステムによって以上の差別化を持続的なものにすることができます。

企業の競争適合とは，製品（サービス）が顧客を満足させるものであり，さらに，競合に比較しても優れていることで達成できます。こうした製品（サービス）を顧客の手元に届けるために，企業としてどのような仕事の仕組みを作っているかが，ビジネスシステムなのです。

同じようなインターネット通販をしているように見えるアマゾンと楽天市場を比較してみましょう。

国土が広大であったために古くから通販ビジネスが一般的であったアメリカで，アマゾンはインターネット経由での本の通販ビジネスを始めました。どんな本が売れるか予想できなかったために，事業開始当初には在庫はありません。受注した本を近所の本屋に買いに走り，仕入価格そのままを販売価格として売っていたようです。数年間は本だけの扱いでしたが，現在（2022年）では幅広く商品を揃えて顧客のニーズに応えています。また，企業・商店をはじめ個人が提供する商品の販売仲介などのビジネスにも進出しています。このような事業を支えるのが，アマゾンの構築してきたネット通販のプラットフォームと在庫システムなのです。

一方，楽天市場は商品を在庫しません。彼らのビジネスシステムは，あくまでも商品の供給元と顧客をインターネット上でつなぎ，販売手数料を稼ぐことを目的としています。商品の販売者は楽天ではなく，商品の直接の製造者であったり小売店であり，楽天は売買の仲介という仕事に徹しています。

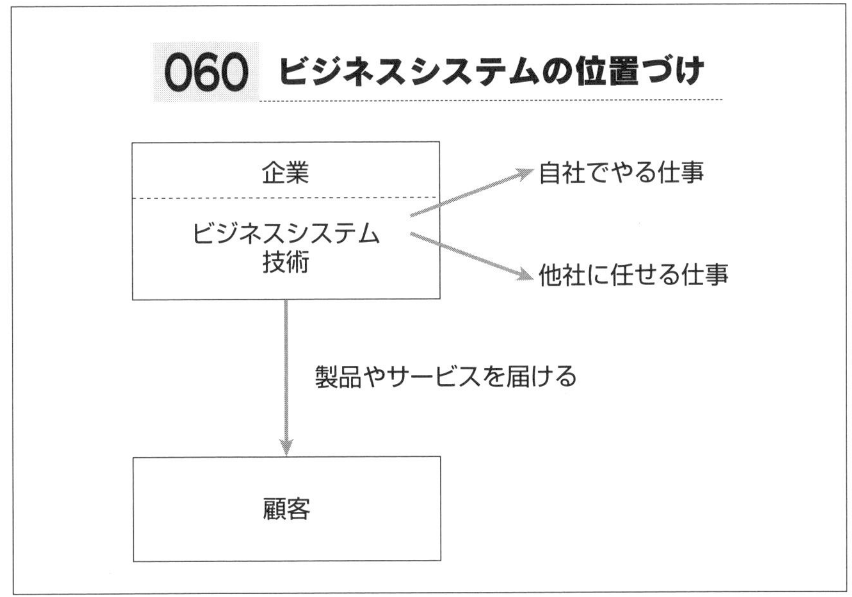

一見同じように見える顧客に商品を届ける仕組みも，企業のビジネスの考え方が異なれば，そのビジネスシステムが異なってくるのです。

原材料から始まって製品が顧客に届くまでにさまざまな業務の流れがあります。そして，企業のビジネスシステムの基本の部分を決定付けるものが，この業務の流れのどの部分を自社が担当することによって競争優位を確保するか，ということになります。すなわち，次の２つの決定が非常に重要です。

◆**自社で行う仕事**（業務活動）は何にするか
◆**他社に任せる仕事**をどのようにコントロールするか

アマゾンは業務の流れの多くの部分を自社で行い，効率的な商品の集荷と在庫を行いながら，受注した商品の配送業務は，ヤマト運輸，佐川急便，日本郵政などに任せています。一方，楽天は受注情報を商品の販売元に伝達すること以外の多くの仕事を，販売元と宅配業者に任せるというビジネスシステムを採用していることになります。

061 ビジネスモデルとビジネスシステム
―ビジネスシステムの本質2

Key Words ロジカル，事業の仕組み，収益モデル

ビジネスシステムが理解できたところで，このビジネスシステムと深い関係にあるビジネスモデルについても，簡単に理解しておきましょう。ビジネスモデルという言葉はよく使われているのですが，その定義は未だ定まったものがありません。そこで，この本では次のように定義したいと思います。

◆特定の市場環境の中で，収益の獲得が**ロジカル**（論理的）に想定できる**事業の仕組み**

ビジネスモデルとは，収益がロジカル（論理的）に予想できるものでなければなりません。しかし，この定義のままでは理解がなかなか進まないでしょう。そこでビジネスモデルを，**収益モデル**とビジネスシステムとに分解して理解していくことにします。

◆ビジネスモデル＝収益モデル＋ビジネスシステム

収益モデルについては第11章の080で詳しく解説することになりますが，ビジネスシステムとは技術の裏付けのある仕事の仕組みです。しかも，ビジネスシステムは競合に容易に模倣できないものである必要があるのが特徴です。

ビジネスモデルという言葉そのものは新しいものですが，その事業実体は昔から世の中に存在しているのです。

1673年，江戸に呉服店「越後屋」を開いた三井家は，掛け売りの訪問販売が一般的であった呉服販売業に，現銀（現在の現金）掛け値（信用販売の手数料）なしの店前売り（店頭販売）の商売を始めました。越後屋の採用したビジネスモデルは，現銀掛け値なしが収益モデルであり，店前売りがビジネスシステムである，と考えられます。

061 ビジネスモデル

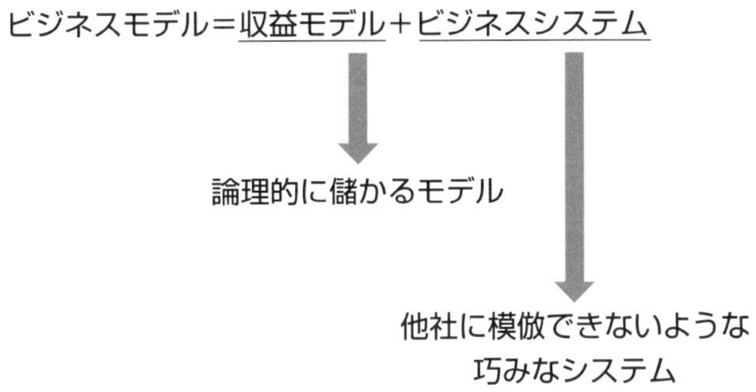

現銀商売ですから，信用販売にともなう未回収のリスク費用を排除することができたことから，同じ商品を競合の呉服商より安く販売できるようになりました。すなわち，競合に対して薄利多売で競争を仕掛けたことになります。

従来からの訪問販売をしている呉服商でも自宅兼事務作業場がありましたから，店前売りを始めても設備コストが大きく増加したわけではないでしょう。むしろ，訪問販売の非効率が店前売りによって効率化されたはずです。

では，従来からの呉服商はなぜすぐには越後屋の商売を模倣できなかったのでしょうか。それは，訪問販売を継続しながら店前売りを同時に展開できなかったからです。訪問販売では掛け値で商売をしていました。顧客は多少高い値段でも掛け買いできるメリット享受しています。一方，店前で現銀売りを始めると，同じ商品をより安価で来店客に販売することになり，これでは一物二価となってしまい，従来からの顧客の信用を失うリスクがあったのです。

黎明期のインターネット通販は，無店舗24時間営業という１つのビジネスモデルでした。どの時代であっても，新しいビジネスモデルを開発した企業が，しばらくの間利益を独占することができるのです。

062 ビジネスシステムの基本設計
—ビジネスシステムの本質 3

Key Words 内製，外注，ファブレス，長期契約，短期契約

ビジネスシステムの基本部分を決定付けるものが，自社で行う仕事は何にするか，そして他社に任せる仕事をどのようにコントロールするか，であることをすでに学びました。

製造業の場合，必要な部品をどの程度自社で作るか（**内製**），そしてどの部品を他社に作ってもらうか（**外注**）を決めることになります。これら以外にも，自社と他社との仕事の分担が考えられます。自社が完成品の製造企業だとしても，製品を自社工場で製造する場合と，工場をもたずに（**ファブレス**：fabless）他社の工場で製造してもらう方法があります。また，完成品を販売する際にも，自社が最終消費者に直接販売する方法，小売店に直接販売する方法，卸売業者を経由して小売店に販売する方法など，直接販売（直販）と間接販売の双方を選択できることになります。

自社が直接行う仕事の管理は，それほど困難をともなうものではないでしょう。しかし，他社に任せる仕事は自社が直接管理するわけにはいきませんから，そのコントロールが重要になります。

他社に任せる仕事については，その業務内容について契約するのが一般的です。契約とは，一概に契約書を作成するということではありません。厳密な契約書を作成する場合もあるでしょうし，口約束程度の場合もあります。こうした契約形態に**長期契約**と**短期契約**の違いがありますが，それぞれに以下のようなメリット，デメリットがあります。

◆長期契約

・完成品メーカーと部品メーカーとの安定的な長期相対取引

・完成品メーカーによる部品メーカーに対する指導

・部品メーカーの品質向上と原価低減への努力

・場合によっては，なれ合いの関係が生じる危険性がある

062 ビジネスシステムの基本設計

自社で行う仕事　＋　他社に任せる仕事

▶たとえば，製造業……部品を内製 or 外注
自社製造 or ファブレス（外製）
直販 or 間接販売

▶他社に任せる仕事をどのようにコントロールするか
長期契約 or 短期契約

◆短期契約

・完成品メーカーの品質基準で価格優先の取引
・部品メーカーによる品質向上よりも原価低減が優先される
・部品メーカーどうしの暗黙の談合（価格水準の上昇）
・長期的で効率的な物流の仕組みが構築できない

一概にどちらの契約形態が良いとは言えませんが，長期的な品質向上と原価低減を目的とするならば，長期契約が向いているでしょう。一方，ライフサイクルが短い商品を製造する場合には，短期契約によって自社に都合のよい部材を新しく提案してくれる部品メーカーを発掘する方法があります。

さらに，ファブレスによって製造そのものを外注する場合には，製造専門会社による部材の大量調達によって，規模の経済による原価低減効果を享受できます。しかし，このような製造専門会社は，製造技術を向上させるためのコストをかけないことが多いために，完成品の製品技術が高度化した場合には，製造技術を失う場合もあるのです。

063 技術をどのように捉えるか —技術の本質1

Key Words 知識，発展性，不確実性，論理性，相互依存性

企業は，自社が保有するさまざまな技術を使うことによって，製品（サービス）を顧客に提供するためのビジネスシステムを構築します。本章の060で説明したように，アマゾンは，インターネット上の店舗運営技術，商品情報の管理技術，在庫の管理技術などを利用してビジネスシステムを構築し，それを進化させながら圧倒的な差別化を実現しています。まったく異なった業種でも，花王は製品開発技術，物流技術，市場情報収集技術，店頭販売技術などを駆使して，非常に多彩なトイレタリー商品を日本全国の顧客（スーパーマーケットやドラッグストアなどの小売店）に届けています。

では，このように企業がさまざまに利用している技術の本質とは何なのでしょうか。実は技術の実体は**知識**であり，**発展性**をもっています。何かをこうすればこういうものができる，何かをこうすればこのようになるというように，技術とは具体的な企業活動を実行するための知識的な基盤なのです。

ある特定企業の技術というと，それは企業の中にあると考えられます。シャープの堺工場で使われていた液晶画面の製造技術は，シャープの中だけの最先端の技術でした。しかし彼らの事業活動は，韓国のサムスンが広く外部から技術情報を集めて完成させた一世代前の安価な液晶製造技術に販売面では敗北する結果となりました。また製薬業界では，競合の開発している新薬の開発段階が業界内でオープンな情報になっていることから，多くの製薬会社は自社独自の新薬開発に専念することで，不要な競争を回避することができます。すなわち，技術とは企業の内と外とに存在していて，それら双方をうまく使い分けて利用することが重要なのです。

一方，技術には一見すると矛盾しているような**不確実性**と**論理性**が共存しています。どのような技術でも，それが確立するまでの過程では大きな不確実性がつきまといます。現在（2022年）ではさまざまな領域で利用されている半導体も，これが製品として利用できるようになるまでには，固体物理研究の試

063 技術の本質

- 技術とは，企業活動の知識的基盤
- 技術は，企業「内」と「外」に蓄積される
- 技術が確立するまでは，不確実性の連続……
- 確立した技術は，論理そのもの
- 技術は相互依存性をもつ
- 大自然や社会の中の論理を，発見する

行錯誤の連続でした。こうした不確実性から生まれる技術も，いったん確立すると論理そのものになります。技術が実際に機能するのは，その技術が論理的にできているからこそなのです。

また，技術は**相互依存性**という本質をもっています。多様な相互依存性が成立して初めて，技術は我々の役に立っています。原爆の被害国であった日本は，原子力を平和利用だけに限定して原子力発電所を作ってきました。しかし，地震と津波によって原子炉冷却用の電源が確保できなくなっただけで，大きな事故が起きてしまいました。原子力の平和利用に必要な技術も，大きなものから小さなものまで多様な論理が複雑に組み合わされた相互依存性の塊だったと言えるでしょう。

大自然や社会の中に，「機能する論理」は数多く存在しているはずです。それゆえに，大自然や社会の前ではちっぽけな個人や企業が，試行錯誤を繰り返しながらその隠された論理を１つずつ発見していく努力が重要なのです。

発見するまでは不確実でリスクが大きい知識という技術も，発見されてその論理が確立されると，社会のなかで大きく機能することになります。

064 技術開発の課題 ―技術の本質2

Key Words 偶然，必然，幸運は準備のできた者に訪れる

技術が知識であること，技術が確立されるまでの不確実性と確立されてからの論理性，技術の相互依存性などはすでに学びました。ここからさらに，技術が確立されるまでの不確実性に関連して**偶然**と**必然**という現象にも言及しておきましょう。

2002年にノーベル化学賞を受賞した島津製作所の田中耕一さんの開発プロセスがまさに，偶然と必然の好例と言えるでしょう。

田中さんの仕事の目的は，タンパク質の質量分析計の開発でした。タンパク質を計測するにはレーザー光線を当てる必要がありますが，レーザー光を当てるとタンパク質が壊れてしまいます。そこで，レーザー光の衝撃を和らげる物質を探していました。そこで偶然が起きることになります。彼は，候補物質どうしであるコバルトとグリセリンを誤って混ぜてしまいました。本来，目的の物質どうしを混ぜるなどということは化学者として常識はずれのことでしたが，この混合物をもったいないということで捨てずに保管していました。そして，ものは試しでその混合物でレーザーを照射したところ，タンパク質が壊れていないことを発見したのです。

こうした現象を単なる偶然と言うのは，それこそもったいないお話です。レーザー光による質量計の開発は進んでいましたし，レーザー光の衝撃を和らげる物質候補も絞られていました。こうしたプロセスが進む中で，候補物質どうしを混ぜてしまうという偶然が起きたのです。しかも，この混合物でタンパク質が壊れないという事実を，さまざまな条件を変えて繰り返し検証しています。こうした論理的な必然のプロセスが偶然の出来事の後にきちんと行われることによって，ノーベル賞の受賞につながったのです。

「**幸運は準備のできた者に訪れる**」というのはフランスの科学者であったパストゥールの言葉ですが，機能する技術の発見には，こうした周到な準備の後に来る偶然が大きく役立っていると言えるでしょう。

064 Exploration と Exploitation

技術の進歩
||
偶然発見した自然界・社会の背後にある
論理的必然性を確認することの連続

企業活動
||
未知の資源の探索と既存資源の活用のバランス

田中さんがコバルトとグリセリンを混ぜてしまったことは偶然の出来事でしたが，その混合物がレーザー光で計測する際の緩衝剤になるという性質は，ヒトが発明したものではありません。こうした物質が本来もっていた性質です。また同様に，シリコン（ケイ素）は半導体を作る際に不可欠な物質ですが，純度の低いものは砂として地球上の至るところに存在しています。この物質の純度を高めて結晶化させたものが半導体として利用できるのですが，この性質もヒトが発明したものではなく，シリコンそのものが本来もっている性質です。

自然界が本質的にもっている性質に，ヒトが初めて接したときに驚きを感じ，それが偶然の出来事ならなおさらなのです。そして，ヒトはその偶然に発見した性質をそのまま放置することなく，その性質の背後にある論理を解明する努力を怠りません。

社外に向かってコストのかかる不確実性を探求することと，社内にある確実な技術を利用することをどのようにバランスさせるか？ Exploration（未知の資源の探索）と Exploitation（既存資源の活用）のバランスを取ることが，企業にとっての技術開発の課題なのです。

065 技術の活用 ―技術適合の戦略1

Key Words コア技術，開発現場を刺激，絞り込んだ技術

すでに学んだように技術は情報的経営資源の一部です。その技術をビジネスシステムの裏付けとして活用するためには，「(技術) の市場での出口をきちんとつくる」ことと言えます。自社のもつ技術を総動員して，市場に受け入れられる「出口」となる製品（サービス）を開発し，そしてその供給体制をうまく構築することが重要になります。そのために，以下のようなステップを踏む必要があるでしょう。

第1のレベルは，戦略が蓄積された技術をうまく利用するレベルです。もちろんこの技術は，ビジネスシステムをサポートする技術として，戦略にうまく利用される必要があります。

たとえば，プリンタで有名なセイコーエプソン社が蓄積している**コア技術**は，超精密金属加工技術です。これは，同社がセイコーとして腕時計の金属加工をしていたころから蓄積が始まった技術で，プリンタのインクジェットの噴出孔の加工技術としても利用されています。真円の噴出孔でなければきれいな印字ができないからです。すなわち，この超精密金属加工技術が彼らの製品差別化を実現して，ビジネスシステムを機能させているわけです。

第2のレベルは，採用している戦略が現場での技術を育てることができるレベルです。戦略が示すビジョンが**開発現場を刺激**することで，技術開発努力が加速することがあります。また，戦略決定によって組織のあり方や仕事の内容が規定され，こうした状況下で学習が行われることで技術開発が促進されることもあるのです。

ホンダは二足歩行ロボットのASIMOの開発に着手（1980年代半ば）し，この分野では進んだ企業でもありました。これは，当時の研究所長だった川本信彦（後のホンダ社長）が「鉄腕アトムを創る」と宣言し，始まったプロジェクトでした。トップがシンプルで分かりやすい戦略を示し，それをどのように実現するかは，現場が試行錯誤していったのです。もちろんASIMOは商品化

065 技術の活用

Ⅰ．戦略が，蓄積された技術をうまく利用する
- ビジネスシステムをサポートする技術
- 狭く絞ったコア技術
- コア技術を中心とした広がりのある技術群

Ⅱ．戦略が，技術をうまく育てる
- 戦略が技術の現場を刺激する
- 戦略が組織の学習を促進し，技術開発が促進される

されませんでしたが，開発された技術の多くが自動制御の分野ですから，現在（2022年）のクルマの自動運転につながる技術であったことに疑いはありません。

技術適合の戦略を考える際の前提として，最初に明確にすべきことは，「何が自社の技術か」ということでしょう。顧客は誰か，競争相手は誰か，を考えたように，自社の技術は何か，を明示的に認識するのです。どのような規模の企業でもいくつかの技術を保有しているものですが，その中でも自社のコア技術が何かを認識することが非常に重要です。さらに，そのコア技術は「狭すぎるほど絞った」ほうが良いでしょう。将来の技術の進化を考えた場合，その相互依存性から技術の領域は拡散しがちです。それゆえに，**絞り込んだ技術**を基盤として学習活動をしていくのです。

学習によって，技術はそのコアの部分を縦方向に深耕することもあるでしょうし，横方向に間口を広げていくこともあります。戦後まもなく，ナイロンの製造から成長してきた繊維企業としての東レは，既存の繊維分野ではユニクロに機能性繊維を供給しています。また，広く炭素繊維までも開発対象とすることで，ジェット旅客機の素材として供給するまでに事業の幅を広げています。

066 技術の進化 ―技術適合の戦略 2

Key Words ずらし，筋のいい技術，肯定技術，否定技術

前項では，ホンダのASIMOを例にして技術を育てることの重要性を学びましたが，ここからはさらに一歩踏み出して，技術の進化について検討していきましょう。

コア技術を狭く絞って戦略展開していくのですが，それは何も「古い技術にこだわる」ということではありません。古い技術を基盤とした製品（サービス）にこだわったために，企業として存続できなかった例は多いでしょう。

たとえば，銀塩写真フィルムからデジタル写真への技術転換期に，銀塩写真フィルムの世界シェアの多くを握っていた米国のコダック社はデジタル化対応ができずに，市場から退出することになりました。一方，日本のFUJIFILMは自社のコア技術をうまく「**ずらし**」ながら，危機を乗り越えています。銀塩写真フィルムの基盤となるポリエチレンのフィルム技術は現在ではさまざまな用途のフィルム製造に利用されています。また，感光剤となる乳剤層をつくる技術は，化粧品の技術としても利用されているのです。

従来からのコア技術を捨てて，新しい技術に飛び付くのではなく，従来の技術を温存した上で，ずらして新しい技術を取り入れるという戦略です。第３章の021で学んだ多角化の論理からも理解できるように，従来技術の得意技を生かせる部分が残るので，技術転換の成功率が高まるのです。

さらに，新しい技術を受動的に捉えるのではなく，積極的に**筋のいい技術**を育てるという戦略も重要です。

戦略が技術適合する際に，次の３つの効果が表れます。

- ◆戦略が示す「ありたい姿」から導かれる資源配分によって，開発技術の方向が決まる
- ◆戦略がある技術を自社のコア技術だと規定することで，現場での心理的刺激が生まれ，技術開発努力が加速する

066 肯定技術と否定技術の共存

▶技術開発のリスク分散

▶肯定技術の改良

▶否定技術の進歩

▶既存の経営資源の共通利用

◆戦略が決定する人々の仕事の内容や人々の接触パターンから学習が生まれ，技術開発が促進する

技術には発展性と相互依存性がありますから，これを利用することによっても筋のいい技術を育てることができます。それは，１つの事業の中で**肯定技術**と**否定技術**をあえて共存させるという戦略です。肯定技術とは既存技術の延長線上にある技術のことで，否定技術とは現状を否定する技術だと思ってください。

この戦略からは，次の４つの効果が期待できるでしょう。

◆両建ての開発による技術開発のリスク分散
◆否定技術への反発による肯定技術の改良
◆当然ながら否定技術の進歩
◆否定技術が開発できた場合，既存の経営資源を共通利用できる

一見矛盾するような技術適合の戦略も，上記のように効果を生むことがあるのです。

第9章 ポイント

① ビジネスシステムの要点は，自社でする仕事と他社に任せる仕事の区別

② 技術開発の課題は，Exploration と Exploitation のバランス

③ 自社の戦略が技術の進化を誘発しているか，が重要

参考文献

クリステンセン，クレイトン（2001）『イノベーションのジレンマ：技術革新が巨大企業を滅ぼすとき　増補改訂版』翔泳社。

伊丹敬之（2012）『経営戦略の論理：ダイナミック適合と不均衡ダイナミズム　第４版』日本経済新聞出版社。

伊丹敬之（2003）『経営戦略の論理　第３版』日本経済新聞社。

金井一頼・角田隆太郎編（2002）『ベンチャー企業経営論』有斐閣。

March, James G. (1991), "Exploration and Exploitation in Organizational Learning," *Organization Science*. Vol. 2, No. 1, pp.71–87.

西野和美（2015）『自走するビジネスモデル＝Self-improving Bisiness Model：勝ち続ける企業の仕組みと工夫』日本経済新聞社。

西野和美（2006）「技術が生み出すビジネスモデル」伊丹敬之・森健一編『技術者のためのマネジメント入門：生きた MOT のすべて』日本経済新聞社，262–296頁。

ストーン，ブラッド（2014）『ジェフ・ベゾス果てなき野望：アマゾンを創った無敵の奇才経営者』日経 BP 社。

第10章

製品の構造と差別化

☞技術適合の戦略の次には，製品戦略を考えていきましょう。

☞戦略を検討する前段として，製品構造のアーキテクチャを理解することから始めます。対象となる製品のアーキテクチャがモジュラー型かインテグラル型かの違いによって，戦略上の視点が異なることになるからです。

☞製品戦略の最重要ポイントは，いかに他社と差別化された製品を開発できるかということでしょう。さらに，こうして開発された製品が長期的に他社から模倣されないならば，戦略としての有効性は増すことになります。

☞こうした差別化に関しては，製品そのものを差別化するための戦略と製品開発プロセスを差別化するために必要な能力そのものに関する2つ戦略が存在することを学んでいきます。

067 アーキテクチャ ―ビジネス・アーキテクチャ1

Key Words システムの構造，分け方，つなぎ方

アーキテクチャ（architecture）という言葉は，日本語としてそれほど定着している言葉ではありません。本来は「建築」という日本語に翻訳されることの多い言葉ですが，経営学の領域では，このアーキテクチャを**システムの構造**を理解するために使うようになりました。

アーキテクチャの考え方では，特に**分け方**と**つなぎ方**に注目します。すなわち，システムをうまく機能させるために，システム全体をどのような構成要素に切り分けて，それぞれの構成要素にどのような機能を振り当てるかを決定します。さらに，相互に依存する構成要素間のつながりの部分をどのように設計しておくかを決定するのです。こうしたシステムについての基本的な構造をアーキテクチャと呼びます。

アーキテクチャの概念を利用して，さまざまなシステムを理解することができるのですが，経営に関するシステムに対してアーキテクチャの考え方を利用したものがビジネス・アーキテクチャということができます。この場合のシステムとは，事業そのもの，製品，仕事の工程，製造の工程，物流などいわゆる「仕組み」として捉えることのできるものなら，物理的なモノであろうが概念であろうが，さまざまなものをアーキテクチャの考え方で分析できるのです。

特定の産業をアーキテクチャの概念で理解することが可能です。たとえば，「この産業はオープンなアーキテクチャで構成されている」などという表現が一部の報道などでは見られます。この表現は「この産業は，各企業が自社内での研究開発に留まらず，多くの領域で他社と協働していたり，あるいは短期，長期の契約によって互いに外注依存している状況が多く見られる構造をもっている」というような意味で捉えればよいでしょう。

ただし，経営学領域での経営組織については，古くから研究が進んでいるせいか，使用される用語も伝統的なものに限定されていることが多いと言えます。そのため，組織をアーキテクチャの概念で議論する研究は少ないようです。

067 ビジネス・アーキテクチャ

▶アーキテクチャ（architecture）
分け方　つなげ方

▶ビジネス・アーキテクチャ
事業そのもの
製品
仕事の工程，製造の工程
物流

▶特に，製品構造のアーキテクチャ
デジタル化　市場ニーズの変化　開発スピード

ただし，製品構造に関しては，アーキテクチャの概念が最も多く利用されています。多くの製品がアナログからデジタルに変化してきていることと，市場ニーズの変化が早まってきたこと，そして各企業がこの変化へ対応しようと努力しています。そうした中，多くの産業でアーキテクチャ概念の基本とされる分け方とつなぎ方に変化が現れているのです。

製品のモデルチェンジのサイクルが早まると，制約された経営資源の元では，製品のすべての開発を一から自社のみで行うことが不可能になってきます。そこで他社に仕事を外注する必要に迫られます。その際に，製品構造の分け方が問題になります。製品技術のコアの部分は自社存立の基盤ですから，外注対象にできません。自社のコア技術を留保したままでその他の部分を外注する必要があるからです。

しかも，技術変化の激しい産業では，短期契約によってより安価な外注先が求められますから，いったん分けた外注部分と自社開発部分とのつなぎ方を一定にしておくと便利です。こうした考え方から，次項の製品構造のアーキテクチャの考え方が生まれました。

068 製品構造のアーキテクチャ
―ビジネス・アーキテクチャ 2

Key Words クローズ，オープン，モジュラー，インテグラル

ここから，製品構造のアーキテクチャについて詳しく理解していきましょう。世の中にはさまざまな製品が存在していますが，製品製造に使われる部品や部品群の産業内での位置付けの違いによって，製品を大きく２つに分類できます。

◆クローズ型

クローズ型の製品とは，各部品（群）どうしの接合部（インターフェイス）の設計が，基本的にその製品を製造する企業だけで閉じているものを言います。もちろん，外注される部品（群）もありますが，インターフェイスの設計は１社内で完結しています。

◆オープン型

オープン型の製品に使用される部品（群）は，産業内で規格が統一されていたり，部品（群）間のインターフェイスの形式が標準化されています。したがって，企業を越えた寄せ集め設計が可能になります。オープン型の製品は，以下で紹介するモジュラー型の製品になります。

以上のような産業内での分類とは別に，製品の構造そのものによってモジュラー型とインテグラル型とに大きく２つに分類することもできます。

◆モジュラー型

モジュラー型の製品とは，部品（群）を意味するモジュール（構成要素）と機能の関係がほぼ１対１で，この部品（群）はこの機能を果たすというように，明快な形態の組み合わせによってできているものです。

各部品（群）は自己完結的で，相互の情報のやりとりがシンプルなため，そのインターフェイスの構造も比較的簡単になります。

068 製品構造のアーキテクチャ

	モジュラー	インテグラル
クローズ	クローズ モジュラー	クローズ インテグラル
オープン	オープン モジュラー	オープン インテグラル （定義的に存在しない）

◆**インテグラル型**

インテグラル型の製品とは，部品（群）と機能との関係が複雑に入り組んでいて，ある部品（群）がどの機能を果たしていると明快に決められないような製品です。

各部品（群）どうしのインターフェイスは自由に決定されていますから，設計の自由度が高く，微調整によってインターフェイスの修正が可能です。この製品は，各部品（群）の設計に際して相互に密接な情報交換によって作業が進行することから，「擦り合わせ型」と呼ばれています。

オープン型の製品が，必然的にモジュラー型になる理由を考えてみましょう。オープンであるということは定義的に言って，企業を越えた部品（群）の調達を積極的に行うということです。それゆえに，産業内でさまざまな部品（群）そのものの規格や部品（群）どうしのインターフェイスの規格が統一されているのです。同じ規格の部品（群）なら，どの企業が製造したものでも同じ機能を発揮することになります。

069 製品を分類する ―ビジネス・アーキテクチャ3

Key Words 大量生産，注文生産，定義的に成立しない

前項で学んだクローズ・モジュラー，オープン・モジュラー，クローズ・インテグラル，オープン・インテグラルの各象限に該当する製品を考えていきましょう。

◆クローズ・モジュラーの製品とは，1社内で規格が簡潔しているのですが，その社内でモジュールを多用して完成品を製造しているものです。
これらは**大量生産**による製品ではなく，顧客からの要望に基づいて少量を注文生産するような製品に多く見られます。**注文生産**の製品を開発する場合，各部品（群）を一からすべて注文通りに個別開発していると，量が少ないことと個別の開発が必要となることから，コストが膨大になってしまいます。
そこで，各部品（群）で自社独自のモジュールをあらかじめ製作しておいて，それらの組み合わせによって顧客の注文に応じる形態をとっています。
製品としては，工作機械や1970～80年代に多くの企業が採用していた汎用コンピュータなどがあります。

◆オープン・モジュラーの製品とは，業界内で各部品（群）のインターフェイスの規格が統一されているために，特定の機能を発揮する部品（群）を各社が自由に開発製造できるものです。セットメーカー（完成品メーカー）はそれらを自由に調達して組み立てることになります。
パソコンは各メーカーによって外観は異なりますが，主要なモジュール間のインターフェイスは統一されていて，どの部品（群）メーカーの製品を使用しても完成品を製造することができます。自転車も車輪の規格，フレームの太さなどの規格，各部品（群）のインターフェイスの規格が統一されているために，個々の部品（群）を組み合わせることで顧客は自分好みのカスタムメイドの自転車をつくることができます。

069 アーキテクチャによる製品分類

	モジュラー	インテグラル
クローズ	工作機械 汎用コンピュータ	自動車 小型家電
オープン	パソコン 自転車	オープン・インテグラル は定義的に成立しない

◆クローズ・インテグラルの製品とは，部品（群）を含め完成品まですべて１社内の規格でできているものです。ほぼすべての部品（群）が自社開発によることから設計・性能などの自由度は高いのですが，一からの開発でコストが高くなる傾向があります。それゆえに，規模の経済が享受できる大量生産に適した製品アーキテクチャと言えるでしょう。
トヨタ車のフロンドグラスは，同じトヨタ車でもモデルが異なると共用できませんし，ましてやホンダ車には使えません。このように，クローズになっており，しかも各部品（群）のインターフェイスは企業ごとにすべて異なっています。

なお，オープン・インテグラルとはこの象限の定義からは，まず業界内で各部品（群）のインターフェイスが統一されていることが必要です。しかし，インテグラルであることから，インターフェイスが各社ごとに独自に設定していますから，業界内での統一はできていないことになります。それゆえに，この象限は**定義的に成立しない**ものとなります。

070 差別化の詳細 —差別化の階層構造1

Key Words デジタル化，独自性，新規性，先行企業，後発企業

1990年以降の「失われた30年」とも言われる経済の停滞や，2019年末から始まったコロナ禍による景気の不透明感などによって，市場の拡大がなかなか望めない状況が続いています。

こうした環境下で，製造各社の競争は限られた市場の奪い合いになっていると言ってもよいでしょう。それゆえに，開発する製品に他社との明確な違いを打ち出して顧客を獲得しなければ，利益に結びつきません。さらに，2000年以降は製品の**デジタル化**とモジュラー化が進行してきており，それらの製品に搭載されてきています。

技術進化が早い産業においては，いままで市場に存在しなかったような新しい製品を他社に先駆けて市場導入することが重要です。他社が製品を模倣することによって市場に追随してくるまでの間に，先行して利益を獲得しておく戦略が効果的になります。そして，こうした戦略を成功させるために，技術戦略における**独自性**と**新規性**が必要とされます。

第３章の018では，時間の経過とともに企業内でのコストが低下し，それに見合った形で製品の市場価格が低下する経験曲線効果を説明しました。ところが，製品のデジタル化の進行とともに，企業内でのコストの低下と市場価格の低下傾向の関係に変化が現れてきています。

すなわち，技術の進化が早いために，後発した企業が新しい技術によってより低いコストを達成し，**先行企業**の製品より安価な製品を市場導入することが可能になったのです。一方，先行企業は製品の開発コストを回収するために，**後発企業**が保有する新しい技術を早期に導入することをためらう傾向にありますから，販売価格の低下は後発企業より遅くなってしまいます。こうして，先行企業は十分な利益を確保できないままに，競争に敗れていく場合があります。一方，いったんは競争に勝った後発企業も，さらに進化したコストの低い技術によって開発された製品に市場を奪われるリスクも存在するのです。

070 差別化の詳細

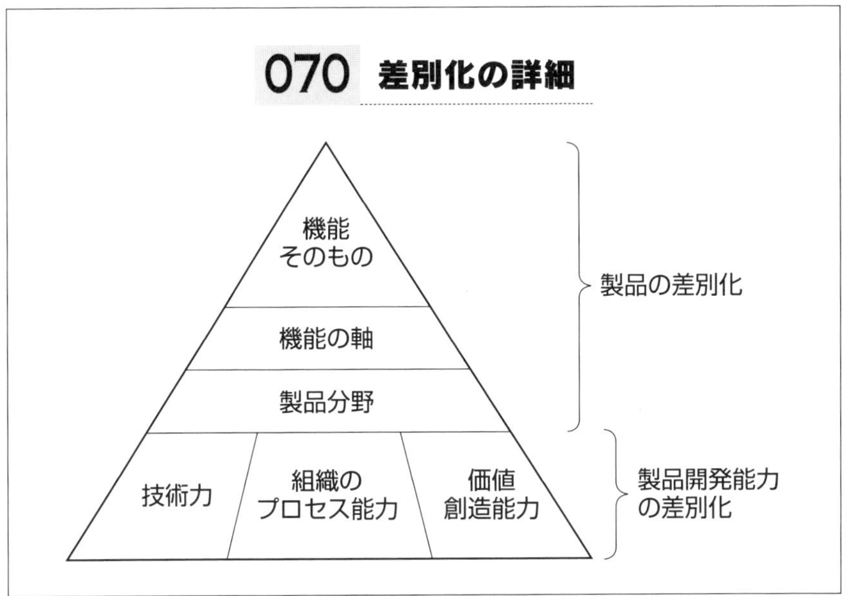

デジタル化の進行した製造市場では，すぐに模倣されるような製品では，競争に勝ち続けられないということになりますから，技術戦略における独自性と新規性の重要性が高まることになります。

企業は，他社製品と差別化した独自性と新規性のある製品を開発するための技術戦略を構築する必要があるのですが，その差別化の要素は多岐にわたり，しかもそれらは重層的な関係にあります。図のように大きく２つに分類するならば，製品そのものの差別化と製品開発能力の差別化に分類できます。ただし，製品開発能力の差別化によって製品の差別化が支えられるような構造だと考えればよいでしょう。

製品の差別化は，順に機能そのもの，機能の軸，製品分野のそれぞれの差別化を考える必要があります。また，製品開発能力は，技術力，組織のプロセス能力，価値の創造能力の３つに分類できるでしょう。

製品の差別化とは，開発という仕事のプロセスから生まれるアウトプットに着目した差別化となり，また製品開発能力の差別化とは，仕事のプロセスに必要とされる能力要素に着目したものなのです。

071 機能による差別化 —差別化の階層構造 2

Key Words 模倣，オープン・モジュラー型，クローズ・インテグラル型

製品を差別化する際に，産業界で最も頻繁に行われるのが機能による差別化です。機能による差別化の典型例は，機能を高度化するというものになります。ただし，この差別化は競合企業にも分かりやすいもので，すぐに**模倣**の対象となってしまうものです。

パソコンという製品を例に挙げて説明していきましょう。パソコンメーカーにとっての機能による差別化の基本は，CPU の処理速度，ハードディスクの容量，メモリの容量，ディスプレイ画面の大きさなどを対象にして行われます。ただし，パソコンが**オープン・モジュラー型**の製品であることを忘れてはなりません。他社より高機能の CPU を搭載して差別化を図ったところで，採用した高機能 CPU は CPU メーカーが独自に開発して製品化したものです。それゆえに，競合のパソコンメーカーもその高機能 CPU をたやすく調達できますから，すぐに模倣できることになります。ハードディスクやメモリ，ディスプレイ画面も同様に，それぞれの専門メーカーが開発・製造したものですから，理論的にはすべてのパソコンメーカーが同等に調達できるものです。すなわち，オープン・モジュラー型の製品の場合，その製品のメーカーが機能による差別化によって利益を確保できるのは，ごく短期間ということになるのです。

そこで，DELL というパソコンメーカーは，次項で説明する機能の軸の差別化を行う戦略を採用して，他のパソコンメーカーの模倣を排除しているのです。

一方，**クローズ・インテグラル型**の典型例であるクルマという製品の差別化を考えてみましょう。クルマの機能による差別化はエンジンの出力，加速，燃費，走行安定性などを対象にして行われます。エンジンの高出力を得るために DOHC 型のエンジンを搭載するメーカーが現れると，他メーカーも独自に開発した DOHC 型のエンジン搭載するようになって，各社間での模倣が始まります。ただし，模倣される機能はそれぞれのメーカーごとに特色をもっていま

071 機能による差別化

▶オープン・モジュラー型の製品：

・差別化の優位性は短期間で終わる
・ただし，差別化を継続しなければ負ける

▶クローズ・インテグラル型の製品：

・差別化の優位性は長続きする
・この差別化は戦略として機能する

すから，パソコンでの模倣とは少々異なったものになります。さらにクルマの場合には，エクステリア・デザイン等を含めた機能の優劣が単純に比較できるものではないために，メーカー間での模倣は緩慢に進行します。ただし，模倣が一巡するとまた別の機能での差別化が起きることになります。

現在（2022年），世界各国の自動車メーカーが電気自動車（BEV）の開発による差別化を進めようとしていますが，ここでも各メーカーの特色が出てくることになります。

欧州メーカーは，従来の低炭素化自動車の代表であったハイブリッド車（HV）の技術を捨てて，一気にBEV化を目指しているようです。中国は本来クルマの開発・製造技術では遅れた国でしたが，ここにきて欧州と同様にBEV化を目指しているように見えます。一方，日本のトヨタは従来からのHV，プラグイン・ハイブリッド車（PHV）および燃料電池車（FCV）を温存したまま，新たにBEVを同時並行で市場導入しようとしています。

すなわち，前章で学んだ肯定技術と否定技術をうまく併用しているように見えるのです。ただし，BEV化したクルマは，クローズ・インテグラル型とはいえ差別化の核となる技術の差が小さくなりますから，従来と比較すると模倣されやすくなるでしょう。

072 機能の軸による差別化 ―差別化の階層構造 3

Key Words 受注生産，規模の経済，ビジネスシステム，価値基準

多くのパソコンメーカーが長期的に差別化できない製品を市場投入しているのに対して，前項で紹介した DELL は他のメーカーとはまったく異なった考え方で製品を製造・販売しています。それが，顧客の希望する仕様通りに製品を**受注生産**するというビジネスモデルになりました。

多くのパソコンメーカーは，最新で高機能の製品仕様を自社であらかじめ決定して製品を製造し，小売店の店頭に在庫して販売しています。これに対して DELL は，最新の高機能仕様を中心に置きながらも，少々古くて機能が低く安価な仕様も残して，その機能の組み合わせを顧客に委ねているのです。こうすることで，顧客が自分の好みにあった機能の組み合わせと購入価格を決定できるようになりました。さらに，製品を顧客近くの地域で集中的に生産することで**規模の経済**を利用して，さらに安価な製品を提供できるようになっています。

これが，顧客は自分の好みにあった機能を求めているという考え方に基づいた機能の軸による差別化になります。これに対して他のメーカーは，顧客は高機能製品を望んでいるという考え方を前提にした機能による差別化に留まっていると考えればよいでしょう。

では，DELL が行っている差別化は模倣できないのでしょうか。すでに，ビジネスモデルが収益モデルと**ビジネスシステム**で構成されていることを学びました。この概念に当てはめて DELL のビジネスモデルを検討しましょう。彼らの収益モデルは，顧客の希望する仕様のパソコンを製造・販売することです。ただし，この収益モデルが一般のパソコンメーカーに模倣できない理由は見つかりません。DELL の差別化を模倣するのが困難な要因は，彼らが構築したビジネスシステムの特異性なのです。

すなわち，顧客が注文した仕様に必要な部品群を即座に調達して，生産コストの低い地域で集中的にパソコンのハードウェアを生産する。国によって異なる OS とソフトウェアおよび付属品などは，顧客のいる国で追加搭載する方法

072 機能の軸による差別化

▶競争の核となる機能

▶従来とは異なる機能に着目する

▶新しい機能は顧客に受け入れられるか？

▶新しい機能は模倣困難か？

を採ります。こうすることで，ハードウェアの生産国での規模の経済を維持し，さらに顧客のいる国での作業の集中度を挙げることで迅速な生産と低コストを実現できるのです。このビジネスシステムが軌道に乗り始めると，その進化のスピードが増していくことになりますので，他社が追随することが実質的に無理になります。DELL の収益性が長期にわたって維持できるのは，このような理由からなのです。

また機能の軸による差別化は，顧客に受けいれられる**価値基準**を変更することだとも言えるでしょう。アップル社が販売している iPhone は，他社が販売しているスマートフォンと比較して，その機能面で大きく差別化できているわけではありません。しかし，iPhone 以外のアップル社製品である iMac や iPad などとの連動性，あるいはデザインの統合性といった顧客に訴求できる新しい価値をもった製品と言えます。さらに，App Store 機能をハードウェア上に構えているため，さまざまなアプリを無料・有料でダウンロードができるという面でも，iPhone という製品は他社が提供するスマートフォンとは機能の軸の差別化ができていると言ってよいでしょう。

073 製品分野による差別化 ―差別化の階層構造4

Key Words 使用分野，異なった技術，代替品

機能の軸による差別化が競合に模倣されるようになると，いよいよ次の差別化のレベルとして，異なった製品分野の製品を開発して市場投入することを考慮しなければなりません。

製品分野を理解する上で，２つの視点に着目しましょう。１つは，利用する技術は従来のものとあまり変化がないけれど，**使用分野**が異なる新しい製品を開発・投入することで差別化する方法です。使用分野が新しく生まれることで，製品の形態が変化して製品分野が１つ増えることになります。こうした状況は製品分野による差別化と言ってよいでしょう。

２つめは，従来の技術とは異なった技術を使用した製品で，従来からの顧客がもっていたニーズを満足させる差別化です。**異なった技術**を使用しているために，製品の機能が従来の製品とはまったく異なったものになりますから，製品分野による差別化ということができるでしょう。

ここからは，それぞれに相当する製品の具体例を挙げていきましょう。

ソニーが1979年に発売した初代ウォークマンは，出張時の飛行機の中で個人的に音楽を聴きたいという名誉会長のわがままから開発されたものでした。一方で，当時の米国西海岸では多くの若者が，本来は屋内で使用する据え置き型のラジカセ（ラジオカセットレコーダー）を肩に担いで，屋外でも音楽を聴くという習慣が生まれていました。ウォークマンが発売されると，このような若者が真っ先に購入して屋外で使用したことから宣伝効果が生まれ，瞬く間に携帯型ステレオカセットプレーヤーという製品分野が形成されたのです。

ウォークマンに使用された技術は，小型化という点を除くと従来からのプレーヤー技術と大きな差はありません。しかし，小型化されたカセットプレーヤーを屋外で使用するという新しい使用分野が創造されたことで，新しい製品分野が生まれ差別化を実現できたのです。

ただし，使用された技術に大きな差別化がなかったために，その後には多く

073 製品分野による差別化

▶ 使用分野の差別化 → 製品分野の差別化
↓
ソニー・ウォークマン（1979年）

▶ 使用技術の差別化 → 製品分野の差別化
↓
アップル・iPod（2001年）
↓
代替品

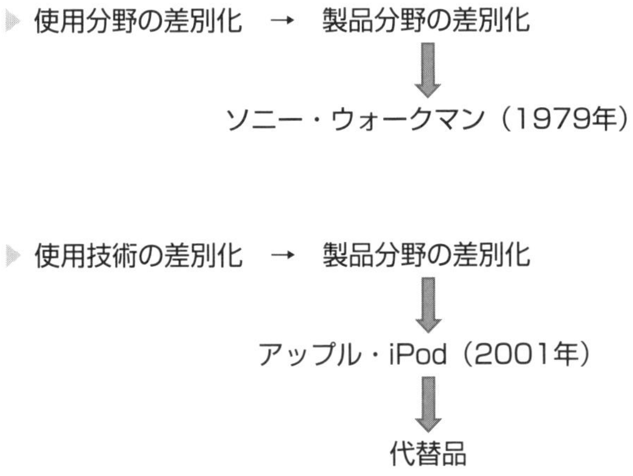

の家電メーカーが，模倣製品を開発・発売することになります。

こうした携帯型プレーヤーの中から，従来とは異なった技術を使用した新しい製品分野を創造する製品が現れます。それが2001年に発売されたアップル社の iPod でした。従来の製品がプレーヤーと音楽ソフト（データ）のメディアが別のユニットになっていたものを，iPod ではフラッシュメモリを使用して，音楽ソフトを本体内に取り込みました。さらに，音楽ソフトをインターネットに接続したパソコン経由で購入することを可能にしたことによって，iPod 本体を大きなネットワークの中の一要素の製品として位置付けたのです。

携帯プレーヤーで音楽を聴くという顧客の求める価値を，従来の製品とは異なった技術で充足したという点で，製品分野による差別化ということになるのです。一方でこの差別化は，マイケル・ポーターが着目した**代替品**を開発することだと言い替えることもできるでしょう。音楽ソフトを購入する際に，従来は CD 盤という物理的なメディアを購入していたものが，ダウンロードによってソフトそのものだけを購入するように変化したからです。現在（2022年）では，音楽ソフトを購入しなくともサブスクリプションで多様な音楽を楽しめるようになっています。

074 開発能力の差別化 ―差別化の階層構造5

Key Words 技術力，プロセス能力，価値創造能力，中核技術

前項までは製品そのものの差別化の階層について議論してきました。こうした製品の差別化を実現するためには，企業側に十分な開発能力が必要とされるでしょう。この開発能力は大きく３つに分類できます。それらを，**技術力**，**プロセス能力**，**価値創造能力**と呼ぶことにします。

企業に技術力があれば競争力のある製品を生み出せる可能性が高い，ということは簡単に想像できるでしょう。特にコア・コンピタンスと言えるような中核となる技術力があればなおさらです。特許で守られた特殊技術ならば，十分に差別化された製品を開発することが可能になります。特許技術は他社でも理解できるものですが，使えないために差別化の源泉になるのです。

一方，特許に守られていなくとも，企業内に存在している**中核技術**は他社からは見えにくいものです。このような技術をもつ企業が，差別化の階層の中でもより深いレベルの機能の軸や製品分野による差別化を実現する可能性が高くなります。シャープ（2016年から台湾・鴻海精密工業の子会社）は，1973年に液晶表示板を使った電卓を世界に先駆けて発売して以来，液晶技術を自社の中核技術としてきました。この技術は2001年に発売された液晶AQUOSテレビの開発につながっていくのです。

製品開発に貢献する組織のプロセス能力とは，高品質の製品を低コストで，しかも短期間で開発できる能力です。こうした能力をもつ企業は，一般に日常業務も高品質で低コスト，さらに短時間に実行できる能力をもっているものです。JIT（Just In Time）生産方式は，トヨタがもつ組織のプロセス能力の代表例と言えるでしょう。工場でのクルマ製造の生産ラインの長いプロセス（工程）の中で，ボトルネックとなる部分を改善し，しかもすべての製造プロセスにおける中間在庫を最少化しています。これによって，協力会社から円滑に部品・モジュールの供給を受け，最小限の機械と人との作業によって完成車両を生産できるのです。

074 開発能力

▶技術力：
・差別化を生み出す中核技術

▶プロセス能力：
・高品質・低コスト・短期間の開発を実現する

▶価値創造能力：
・多様な知識と経験をもつ組織の維持

こうしたプロセス能力は短期間で生まれるわけではありません。企業内での長年の努力の結果として獲得した能力なのです。それゆえに，競合が同様の能力を短期間に獲得することができないことから，差別化の源泉となるのです。

一方，製品開発には偶然がともないますから，価値創造能力とはこの偶然を必然に変換する能力と言い換えてもよいかもしれません。機能の軸による差別化や製品分野による差別化を実現するためには，既存の概念にとらわれない柔軟な発想や能力が求められます。しかし，これを個人に求めているだけでは企業として限界があります。組織的にこうした能力を獲得して維持するには難しいポイントがたくさんありますが，企業はそれを打破する必要があるでしょう。

プラスティックの微細加工では世界最高峰の技術を保有する樹研工業では，こうした技術を維持するための源泉を社員全員に求めています。特異な方法でしょうが，同社の社員採用基準は募集に対して来社した順で決めるそうです。創造能力を長期的に維持するためには，多様な知識と経験を必要とします。社員の同質化を排除して多様性を維持するためには，審査を行わずに応募してきた人たちを必要な人数だけ順に採用するのです。

第10章 ポイント

① 製品のライフサイクルが早まっていることから，オープン・モジュラーな製品が増加しつつある

② 機能の軸や製品分野を差別化することによって，競合による模倣を防ぐ

③ 技術力，プロセス能力，価値創造能力を獲得・維持する組織作りが重要

参考文献

藤本隆宏・武石彰・青島矢一編（2001）『ビジネス・アーキテクチャ：製品・組織・プロセスの戦略的設計』有斐閣。

延岡健太郎（2006）『MOT「技術経営」入門』日本経済新聞社。

延岡健太郎（2002）『製品開発の知識』日経文庫。

第11章

イノベーションを起こす

☞18世紀に生まれた経済学に対して，その派生として誕生した経営学は歴史が浅いこともあって，戦略に関する研究も比較的新しいものです。この章では，1960年前後からの戦略の考え方の歴史を振り返りながら，多くの日本企業に共通の基本的考え方を理解していきます。

☞また，一般的な言葉としても使われるイノベーションの概念を正確に理解した上で，特に技術（すなわち，知識の基盤）のイノベーションを実現するためのマネジメントがどうあるべきかについて学びます。

☞さらに，社会にイノベーションを起こす可能性のある事業活動としてのベンチャー・ビジネスとは何か，を理解していきます。また，ベンチャー・ビジネスに必要とされるビジネスモデルの概念の詳細を理解します。

075 戦略論の変遷 —戦略の考え方1

Key Words 群盲象を評す，創発戦略，経営資源

これまでの章ですでに学んだ戦略の考え方を含めて，1960年代から現代に至るまでの戦略論の変遷を，そのスタンスあるいはアプローチの違いから図のように5つに分類しました。この分類では，それぞれの研究群がいつの時代から活発化してきたのかという点と，それぞれを代表する主要な研究者を記述してあります。

ただし，これらの研究群は新しいものが過去のものをある程度は批判するものの，全面否定して生まれてきたものではありません。あくまでも研究のスタンスあるいはアプローチの違いから，異なった主張をしているものと言えるでしょう。これについては，「**群盲**（ぐんもう）**象を評す**」の成句を思い出させます。すなわち，戦略行動を象に例えると，多くの研究者たちが鼻を触っては太くて長いと評し，胴を触っては壁のようだと評する。あるいは足を触って木の幹のようだと評することに似ていると言えるでしょう。

以下に，各研究群を簡単に解説しておきましょう。

◆戦略計画学派

企業のニーズに沿って，戦略や計画の策定に必要な手法や概念を整理したのが戦略計画学派（Strategic Planning School）です。彼らは，戦略的意思決定と業務的意思決定を区別して，市場浸透，製品開発，市場開発，多角化などの言葉と概念を整理して定義付けました。

◆創発戦略学派

創発戦略学派（Emergent Strategy School）は，企業内での戦略行動の実際を詳細に観察しています。戦略実行中に環境が変化することはごく自然なことで，そのような場合には現場の管理者たちが事後的に戦略を修正し，新たな戦略要素を付け加えていきます。そのような戦略実態を彼らは**創発戦略**と表現しました。

075 戦略論の変遷

スタンス/アプローチ	時期	研究者
戦略計画学派	1960年前後～	H.I. アンゾフ B.D. ヘンダーソン
創発戦略学派	1970年～	H. ミンツバーグ C.M. クリステンセン
ポジショニング・ビュー	1980年～	M.E. ポーター R.D. バゼル
リソース・ベースト・ビュー	1990年～	伊丹敬之 J.B. バーニー
ゲーム論的アプローチ	1990年代半ば～	A.M. ブランデンバーガー B.J. ネイルバフ

◆ポジショニング・ビュー

マイケル・ポーターの考え方に代表される戦略の考え方で，自社を取り巻く環境要素の脅威や交渉力の少ないポジションを選択する考え方です。

◆リソース・ベースト・ビュー

リソース・ベースト・ビュー（Resource-based View）は，市場で有利なポジションをとるために自社の**経営資源**を活用するという考え方です。

◆ゲーム論的アプローチ

1990年代後半になってゲーム論的アプローチが経営戦略研究の世界に入ってきました。ゲーム論とは個々の最適な選択が全体として最適な選択とはならない状況を互いの交渉関係のように捉え，それをゲームと定義した意思決定問題です。

以上が戦略研究の大きな５つの流れですが，創発戦略学派の考え方以外はすでに学んだものです。なお，図で示された日本人の研究者は伊丹敬之ただ１人ですが，次項では日本企業の特性に適した戦略概念を学んでいきます。

076 日本企業の戦略哲学 ―戦略の考え方 2

Key Words 良い製品の提供，社会への貢献，利潤の増大，従業員の幸福

企業の多産多死が一般的な米国社会では，事業を興そうとする人が，自分のビジネスに必要な資源と人材をそれぞれの市場から調達することが当たり前です。また，業界の成長率が鈍化して現在の事業から利潤を上げられなくなった企業が，当該事業を売却することもごく当たり前に起きるでしょう。事業活動とは利潤獲得の手段以外の何物でもない，と割り切ってしまえば，創業間もない小企業であろうが歴史のある大企業であろうが，同様の行動をとることになります。すなわち，役に立ちそうな戦略の考え方があればそれを参考にしていち早く成長したいと考えたり，競合との競争に何がなんでも勝ち抜こうとします。これが米国流のビジネスの考え方と言えるでしょう。

ただし，日本企業の中で事業は単なる利潤獲得の手段である，と言い切れる経営者は少ないのではないでしょうか。事業を通じて従業員の生活を安定させて社会へ貢献する，というのが日本企業の掲げる理念の最大公約数と言えるかもしれません。

では，日本企業に特有の戦略哲学とはどのようなものなのでしょうか。松下電器産業（2022年現在，パナソニック）を創業した松下幸之助の哲学に，その本質部分を見ることができるでしょう。

それは図にあるように，**良い製品の提供**→販売量の増大→コストの低下→さらなる販売量の増大→**社会への貢献**，さらなる販売量の増大→**利潤の増大**→**従業員の幸福**，利潤の増大→次の良い製品の提供，という社会と従業員への波及効果をもつ循環です。そして，多くの経営者がいまだにこのような戦略哲学を維持している可能性があります。その理由は，日本の企業組織内の慣行に深く根ざしたものや，OJT で教育された経営者であるがゆえの勉強不足かもしれません。ただし最近（2022年）では，SDGs や ESG 経営の考え方から，このような日本的経営哲学も見直されてきているようです（第２章 012参照）。

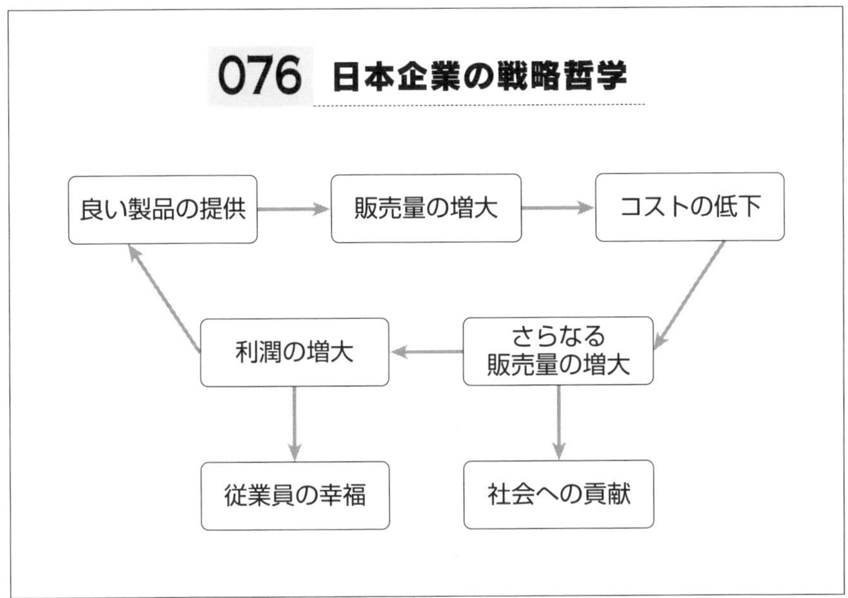

また日本の企業内では，ミドル・マネジメントたちが横のネットワークを利用して自由に議論する。そして，細部にわたるコミュニケーションをとりながら行動に移しやすい現場の戦略を作り上げるというのが一般的です。同様の考え方から，互いの利益を尊重する関係先企業との連携も保つことになります。しかも，過去の経営者は理論の勉強をしていなかったがゆえに，ミドル・マネジメントたちに大まかな方向性を示すだけで厳格な枠組みを作りませんでした。このことが，本来は避けたほうがよいミドル・マネジメント層によるボトム・アップ型の戦略策定とその実行をより可能にしてしまったのです。ただし近年では，欧米系の経営のあり方を学んだ新しいタイプの日本人経営者が誕生し，トップダウンによる事業経営を行っている事実も見られます。

米国での産学（産業領域と学問領域）のコミュニケーションの濃い密度に比較して，日本における経営学分野での産学の交流は非常に希薄です。ビジネスパーソンは研究者を「現場を知らないで机上の空論を扱っている輩（やから）」と考えていることが多いのではないでしょうか。一方で，研究者はビジネスパーソンを「勘・経験・度胸だけで経営している不勉強な輩」と対立的な考えをもっているのかもしれません。

077 イノベーションとは　―イノベーション1

Key Words　狭義のイノベーション，シュムペーター，広義のイノベーション

この項では，イノベーション（変革）と呼ばれるものが一体どのようなものなのか，その定義を考えていきましょう。

◆狭義のイノベーション

1912年にイノベーションの概念を初めて世に問うた**シュムペーター**による以下の定義をあらためて検討してみましょう。

イノベーションとは，その体系の均衡点を動かすものであって，しかも新しい均衡点は古い均衡点からの微分的な歩みによっては到達し得ないようなものである。

この定義では，システム（体系）の性質を変えなければ解決できないような不均衡を作り出す変化がイノベーションであるとしています。また，ある技術の小さなシステムにイノベーションが起きると，近隣の技術システムにも影響を与えることになり，それらを包括するより大きなシステムから眺めると不均衡が作り出されていることになるのです。こうした不均衡を解消するためにイノベーションが求められて，大きなシステムはそのイノベーションによって新しいシステムに脱皮することになるわけです。
このように工学的な技術に特徴的に見られる均衡点を動かすものや，不均衡を解消するものを狭義のイノベーションとしておきましょう。

◆広義のイノベーション

工学的な技術以外の領域でもイノベーションという言葉はよく利用されます。企業活動のさまざまな領域では，そうしたイノベーションが必要とされますから，それらを広義のイノベーションと呼ぶことにしましょう。

077 イノベーションの分類

技術に関するイノベーション	狭義	工学的技術に限定
	広義	その他の技術
その他のイノベーション	不連続な変化全般	

販売現場にも広義のイノベーションは存在します。インターネット技術そのものは，情報伝達の方法を従来の形態とは不連続でまったく異なった形態として実現させた狭義のイノベーションであると言えるでしょう。このイノベーションによって，店舗販売での物理的な制約となっていた商圏を世界中に拡大することになりました。インターネットを流通機能として利用する販売形態は，従来の販売形態とは不連続の形態となっていることから，これを販売手法のイノベーションと言うことができるのです。

この「販売手法」という表現を「販売技術」と言い換えると，工学的な領域以外での「技術」のイノベーションとして理解できるでしょう。それゆえに，これらを広義のイノベーションとして扱ってもよいでしょう。

さらに，世の中の出来事の中に不連続でジャンプするような変化がありますが，それら全般に対してごく当たり前のようにイノベーションという表現が使用されることがあります。それらは，シュムペーターによる定義から大きく乖離するのですが，もはやイノベーションの誤用である，とは言えなくなってきているようです。

078 技術イノベーションの管理
—イノベーション2

Key Words 機能重視型，プロジェクト重視型

製品開発業務を組織としてマネジメントする目的として，次の2つがあります。1つは「専門業務の多様性の確保」であり，2つめは「それらを統合して1つの製品に統合させること」です。

「専門性」については，次のように分類できるでしょう。それは，電子，機械，材料などという技術分野での専門性と，設計，解析，製造などの業務機能における専門性です。これらの専門性で分化された業務を機能業務と呼びましょう。一方の「統合」では，機能業務で創造された技術や知識を集めて，品質，機能，コスト，生産の容易さなどを満足させる製品を開発するために，さまざまな機能部門が一緒になって取り組む必要があります。これが，プロジェクト業務と呼ばれるものです。

つまり，製品開発を実施するための組織として，①機能別に分化された専門性を優先した**機能重視型**と，②製品としての統合性を重視した**プロジェクト重視型**の2種類を考えればよいわけです。また，こうした2つの組織には組織構造とそのプロセスに以下のような特徴的な差異があります。

◆機能部門長と製品開発プロジェクトマネジャーの権限の強さの違い
◆技術者が特定技術の担当者として配属されるか，それとも特定製品の開発担当者としてプロジェクトに配属されるか

ここで，機能重視型マネジメントの優位点を考えてみましょう。それには次のような2つのメリットがあります。

◆特定技術分野におけるイノベーションが促進されることです。専門分野の技術者が組織的に集まり，最新情報を交換しながら議論することで，革新的なイノベーションが期待できます。

078 管理の違いによる優位性

	マネジメント	
	機能重視	プロジェクト重視
効果	技術の育成・蓄積	製品コンセプトの実現
モチベーション	専門性へのプライド	製品へのコミットメント
効率性	資源の効率	マネジメントの効率

◆最新の技術情報や技術に関する知識を体系的に蓄積できることです。機能部門の長期的方針のもとで，企業としての技術開発能力を計画的に蓄積しやすくなります。

一方で，プロジェクト重視型マネジメントの優位点としては，次の２つのメリットが考えられます。

◆製品コンセプトを開発担当者の全員が共有できることです。各技術者にとって自分が開発を担当している技術が製品コンセプトと合致しているかどうかを常にチェックできるメリットは非常に大きいでしょう。
◆技術や部品の間での最終製品に向けた調整が効率的にできます。なぜなら，開発担当者は担当する部品などの技術を考えるだけではなく，製品全体の統合性を主体的に考えながら開発に参加しなければならないからです。

技術イノベーションを有効に実現するために，上記２つのマネジメント形態のバランスが重要となってきます。

079 ベンチャー・ビジネス ―ビジネスモデル1

Key Words 起業家，新規性，成長性

この項では，小さな組織としてのベンチャー・ビジネスの組織と戦略について考えていきましょう。ベンチャー（企業）が何であるかについては多様な考え方があり，共通の認識が定まっているわけではありません。しかし，多くの研究者から，以下に示したキーワードがベンチャー（企業）を説明する上で有用だと指摘されています。

◆リスク
◆新規性
◆成長性
◆アントレプレナーシップ（企業家活動）

これらのキーワードはベンチャーのさまざまな側面を表現していますが，ベンチャー創造という現象をアントレプレナーシップと表裏一体と考えて，企業家活動の中でも特に「**起業家**」活動をベンチャー（企業）の重要な要素と捉えることにしましょう。

起業家活動のポイントは**新規性**にあって，イノベーションをともなう起業がベンチャー創造には多いでしょう。その活動が買収対象となって独立性がなくなることもありますが，成長を維持することが十分にあり得ることから，**成長性**はベンチャーの概念に含むことになります。ただし，ベンチャーは好んでリスクを追求しているわけではないことから，リスクはベンチャーの概念から除外しましょう。なお，ベンチャー（企業）と一般の中小企業を区別するポイントは，アントレプレナーシップに基づく新規性と言うことができます。

ベンチャー（企業）を類型化する場合，業種形態や創造される付加価値などのようにさまざまな基準が考えられますが，ここでは図のようにベンチャー（企業）の戦略的課題が識別できる分類を行います。

079 ベンチャー企業の類型

	新市場		
新製品（サービス）	A	B	新技術
	C	D	
	既存市場		

ＡとＢの象限にある企業にとっては，市場創造のリスクが高いことから製品（サービス）の顧客への訴求力が重要な戦略的課題となります。一方，ＣとＤの象限は，既存市場での起業であることから既存の製品（サービス）との差別化が戦略的課題となるはずです。

特にＡ象限の企業は，新しい製品（サービス）が顧客訴求力をもつかどうかが試されることになります。Ｂ象限は，市場創造のみならず新しい技術の開発リスクもあることが特徴でしょう。特に，バイオ関連企業などはこの典型例と言えます。

Ｃ象限の企業は，既存顧客の潜在的不満を解消するような新製品（サービス）の提供を行うことになります。当初，本の流通に大規模な通信販売を持ち込み，今では世界最大級の小売店となったアマゾンは，この類型に相当するでしょう。一方，Ｄ象限の企業は，新しい技術をもとにした代替品で既存市場に進出する企業と言えます。

マイケル・ポーターは新規参入や代替品の脅威について言及しましたが，ベンチャー・ビジネス側から見るならば，既存市場に対して新しい技術（知識）によってイノベーションを起こすことになるのです。

080 収益モデルの詳細 ―ビジネスモデル2

Key Words ビジネスの仕掛け，売上面での工夫，コスト面での工夫

この本でのビジネスモデルの定義は，第９章の061で簡単に説明してありますが，その定義には以下の２つの概念が存在しています。

◆収益を上げるための「**ビジネスの仕掛け**」の必要性
◆製品（サービス）を顧客に届けるための「仕事の仕組み」の必要性

ビジネスの仕掛けとは，どのように売上を上げるか。あるいはコストを下げるか，という事業の対価をより多く獲得するための仕掛けのことになります。売上やコスト面での競合と異なる新たな工夫のうち，**売上面での工夫**は以下のものになります。

◆顧客の工夫
従来の顧客とは別の人々を新たに顧客にできないかという工夫です。新製品を投入することによって顧客層を拡大するのではなく，従来と同じような製品（サービス）を提供しながら，なんとか新しい顧客層に訴求しようとする工夫です。

◆製品（サービス）の工夫
製品（サービス）の対価は一般にそれを所有したり，利用する顧客が支払いますが，グーグルのようなインターネット検索サイトのように，利用者以外の人たちが対価を支払うような製品（サービス）を作り出すことなどを示しています。

◆買いやすさの工夫
良い製品（サービス）も，それが潜在顧客に認知されなければ売上につながりません。花王は，トイレタリー製品を販売している全国の小売店すべてに配荷して，販売面での機会損失を最少化させています。

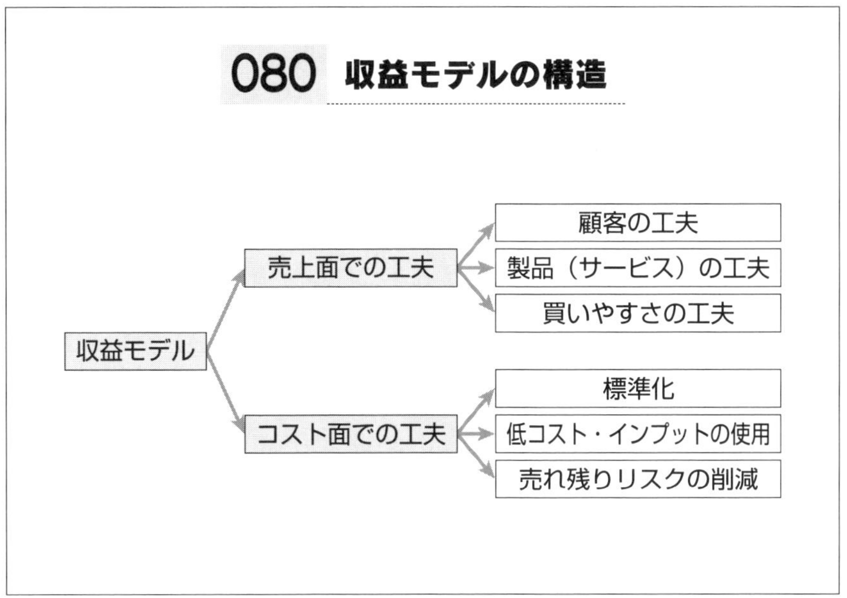

一方，**コスト面での工夫**は，以下のものになるでしょう。

◆標準化

従来不可能と思われていたような標準化を工夫によって可能にし，大量生産によってコスト削減を達成するものです。ミスミは金型部品の業界で，より多くの顧客が使用するサイズ，形状の部品をあえて「標準品」として設定し，大量生産によるコスト削減を実現しています。

◆低コスト・インプットの使用

製品（サービス）の品質は維持しながら，従来は使えないと考えられていた低コストの原材料を工夫して使えるようにするコスト削減策です。廃業したレストランをほぼタダ同然で入手して，格安のステーキ＆ハンバーグを提供するロードサイドレストランが生まれています。

◆製品の売れ残りリスクの削減

製品の売れ残りを小さくすることで，在庫処理コストを削減することです。ファーストリテイリングのPOSシステムは，欠品や不要な在庫を出さないような情報システムとなっています。

081 ビジネスシステムの詳細 ―ビジネスモデル3

Key Words 仕事の仕組み，モノの流れの工夫，情報の流れの工夫

ビジネスシステムの目的は，顧客との接点において競合と差別化した**仕事の仕組み**を実現し，それを長期間維持することにあります。ビジネスを経営資源の流れの側面から見た場合，モノは企業から顧客の側に流れ，カネと情報は主として顧客から企業側に流れます。カネの流れは言わずもがなですので，この工夫を整理するために，モノと情報の流れの２つに分類して考えてみましょう。

モノの流れの工夫とは，一連の仕事の流れをムダなく効率的に行うことです。

◆ボトルネックをなくす

DELL のようにカスタマイズされた製品を迅速に顧客に届けることを差別化のポイントにするならば，独自のモノの流れの工夫が必要です。カスタマイズを実現し，しかも過剰在庫を抱えずに生産するには，顧客に近い地域に生産工場を置いて流通上のボトルネックを排除しているのです。

◆距離を短縮する

工場での生産ラインは，必要最小限の長さがあればよいでしょう。生産ライン（距離）を短縮できれば，単位生産時間を短縮できて，設備そのもののコストも削減することができます。また，工場の敷地そのものも縮小できる効果を生むのです。

◆多様な経路を使う

原材料の調達で多様な経路を使うと，一般的には規模の経済が働かずにコストが上昇します。しかし，生鮮食品のようなものには多様な経路を使用した調達が，欠品を防止する効果を発揮します。

次に**情報の流れの工夫**について考えましょう。情報の流れの工夫とはモノの流れをスムーズにしたり，顧客からの情報をうまく製品開発につなげたりするなど，情報を必要とするところにうまく届くように工夫することです。

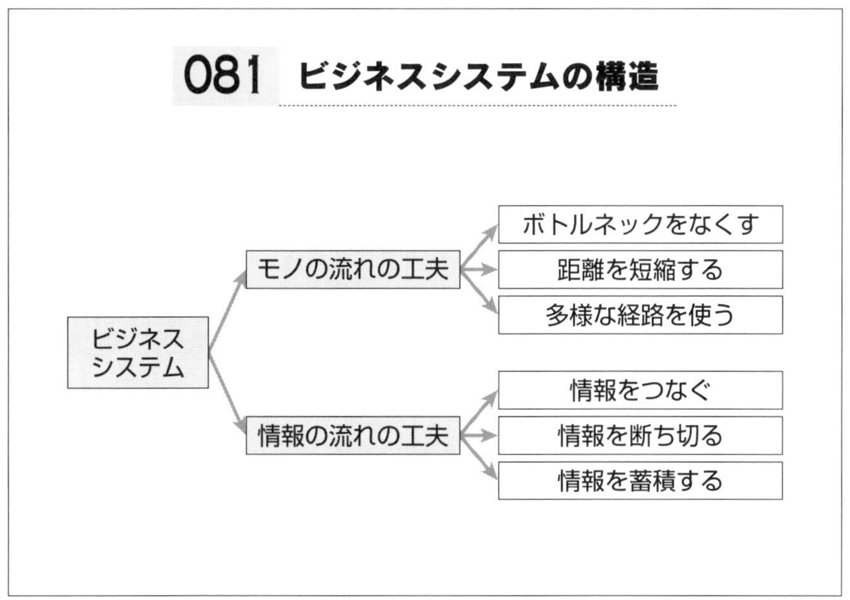

◆情報をつなぐ

POSシステムを最大限に活用するセブン-イレブンのビジネスシステムは，情報をつなぐ工夫の典型例でしょう。この店頭情報からは現在の売れ筋が分かるだけではなく，将来の売れ筋の予測や顧客ニーズの変化も捉えることができるのです。

◆情報を断ち切る

ビジネスシステムにおける情報を断ち切ることの典型が特許です。しかしその他にも，シャープの液晶テレビの生産工場である亀山工場は，工場そのものがブラックボックス化されていました。後の2009年に稼働を始めた堺工場もその考え方は継承されています。

◆情報を蓄積する

情報の蓄積の典型が信用やブランドとなります。企業が長期間にわたって誠実なビジネスを展開していると信用が蓄積されます。その企業の製品なら他社製品に比較して高い対価を支払ってもよいと顧客が感じるようになれば，それがブランドの確立なのです。

第11章 ポイント

① 日本企業に共通の戦略哲学は，現在（2022年）のESG経営に通じる

② イノベーションは，技術領域のみならずさまざまな分野で起きている

③ 収益モデルとビジネスシステムでの工夫で，ビジネスモデルが生まれる

参考文献

今井賢一（1986）「イノベーションと企業の戦略・組織」今井賢一編著『イノベーションと組織』東洋経済新報社，3-32頁。

金井一頼・角田隆太郎編（2002）『ベンチャー企業経営論』有斐閣。

西野和美（2015）『自走するビジネスモデル＝Self-improving Bisiness Model：勝ち続ける企業の仕組みと工夫』日本経済新聞出版社。

西野和美（2006）「技術が生み出すビジネスモデル」伊丹敬之・森健一編『技術者のためのマネジメント入門：生きたMOTのすべて』日本経済新聞社，262-272頁。

延岡健太郎（2006）『MOT「技術経営」入門』日本経済新聞社。

延岡健太郎（2002）『製品開発の知識』日経文庫。

沼上幹（2008）「多様な経営戦略論」伊藤秀史・沼上幹・田中一弘・軽部大編『現代の経営理論』有斐閣，1-17頁。

シュムペーター，A.S.（1977）『経済発展の理論：企業者利潤・資本・信用・利子および景気の回転に関する一研究：上・下』岩波文庫。

第12章

戦略と組織

☞この章では，戦略を実行する主体である組織について，包括的に学んでいくことになります。

☞創業まもない小さな企業組織と成長を遂げた大きな企業組織とでは，その構造が自ずと異なります。単純な構造をもつ小さな組織は，成長することでその構造を階層的に複雑化させていくと同時に，水平方向には部門化させて，官僚制と呼ばれる形態へと変化していきます。

☞また，こうした複雑性をコントロールするために，その組織設計の際には部門化，管理範囲，集権化と分権化について特に配慮する必要が生まれるのです。

☞このように設計された組織内には文化や風土が生まれ，組織構成員たちはさまざまに影響を受けることになりますが，組織は戦略に応じる形で編成される必要があります。

082 さまざまな組織体 ―組織の定義1

Key Words 動機付け，構造や計画，権威，正統性，命令と報告

戦略を実行するのが組織で，その組織は人によって構成されています。ここまではごく常識的な知識なのですが，この章では戦略の実行主体である組織についてさらに深く理解していくことにしましょう。

米国の実務家であったチェスター・バーナードは，1938年に著した本の中で以下のように組織を定義付けました。現在（2022年）の経営学の世界では，この定義がごく一般的に使われています。

> **組織とは2人以上の人々の意図的に調整された諸活動，諸影響力の体系である。**

組織は人によって構成されていますが，1人の人間だけでは組織は構成できません。必ず複数の人間によって構成されることになります。また人間個人と組織に貢献する人間の知識や活動とを区別する必要があります。すなわち，組織を構成する人の個人的な特性は組織には直接関係がないということです。組織とは，あくまでも人が貢献する知識や活動によって構成されていると考えるのです。ただし，人間には感情がありますから，個人が自分の知識や活動を組織のために使おうと思うためには，彼らに対する**動機付け**が必要になります。優秀な構成員がたくさんいる組織でも，彼らの能力を活かした知識と活動を引き出せない組織は，事業活動に失敗する危険性が高いのです。

さらに，組織を構成する諸活動や諸影響力は，システムとして相互作用をもっています。組織が個人の総和以上の成果を達成できるのは，こうしたシステムとしてのプラスの特性が表れているからです。ただし，組織内での相互作用にはマイナスの面も存在します。構成員どうしの意見の不一致や組織の下位単位どうしでの利害の対立が時として起きる場合があります。こうした葛藤への対応も相互作用によって解消する必要があるのです。

082 組織の要件と具体例

- 2人以上の人々で構成されている
- 意図的に調整されている
- 諸活動と諸影響力の体系

- 企業・非営利活動法人・学校・病院・教会
  軍隊・警察・役所など

また，組織を構成する人々の諸活動がシステムとしてうまく組み立てられているのは，意図的に調整されているからです。それゆえに，多くの人間が集合している場合でも彼らが意図的に調整されていなければ，それは組織とは言えません。組織は意図的な調整を行うために，**構造や計画**，**権威**，**正統性**，**命令と報告**などのさまざまな手段をもっているのです。

この本が目的とする組織とは一般的な企業ですが，企業以外にも世の中にはさまざまな組織が存在しています。東日本大震災の復興活動で活躍したNPOを代表とするような非営利活動法人は，比較的企業に似た組織と言えるでしょう。日本の国立大学は独立行政法人という組織です。病院も組織で，全国の公立病院はその公共性もさることながら，採算性が強く要求されるようになっています。

あるいは，ローマ教皇がトップにいるカトリック教会も組織と言えます。その他にも国が編成する軍隊，地方自治体が編成する警察，役所などの組織が存在しています。すなわち，複数の人々で構成された仕組みは，そのほとんどが組織だと言ってよいでしょう。

083 小さな組織 —組織の定義 2

Key Words 外部環境，内部環境，階層構造

一般的に会社や企業という言葉を聞くと，どうしても自分が知っている有名な企業を思い浮かべるのが普通でしょう。TV やインターネット，あるいは新聞などで目にする企業は，そのようなメディアで取り上げられるくらいですから，従業員も比較的多く，売上高も大きな組織です。ただし，規模の大きな企業も，その誕生の時点では小さな組織だったのが普通です。小さな企業組織について考察する前に，別の視点から小さな組織を眺めてみましょう。

オーナーのご主人とその奥さん，この夫婦の息子を含めた３人で経営している街の八百屋さんを想定してみましょう。近所に住む主婦１人が，パートタイムの従業員として夕食前の午後だけ手伝っています。こうした八百屋さんでも４人で構成された立派な組織です。ご主人は，近所のスーパーマーケットの青果売り場に負けたくありませんから，卸売市場での仕入れと店頭での値付けも担当して，より多くの集客を狙っています。また，店の資金繰りのために信用金庫との関係維持も忘れてはいません。奥さんは自宅での家事を終えると，店頭での接客を担当しながら売上金の管理をしています。息子は，野菜や果物を大量に買ってくれる近所の飲食店や洋菓子店への配達を主に担当しています。店の営業日には３人そろってゆっくりと話し合う時間が取れませんので，週に一度の休日の夕食時だけは店の現状と将来について話し合っています。ただし，パートタイマーさんには毎日店頭で簡単な指示をするだけで，深い話をしたことはありません。

小さな組織内での意図的に調整された諸活動，諸影響力の体系とはこの程度のものがせいぜいでしょう。しかし，ここにも組織をマネジメントする際の基本行動を見ることができます。

ご主人は漫然とお店の経営をしているのではなく，スーパーとの競争を常に念頭において商品の選択と値付けをしています。さらに，信用金庫との良好な関係維持にも注意を払っています。すなわち，**外部環境**に対する観察を怠って

083 小さな組織の特徴

- 階層がないか，非常にフラットな階層構造
- 個人レベルでの分業で，専門組織がない
- ルールが明確でなく，アドホックに決定がなされる
- 組織の拡大化とともに，階層と専門組織が生まれる

はいません。週に一度の家族３人での話し合いは**内部環境**との意思疎通であり，店の主要構成員の考えを各人が十分に把握できていることになります。日常的な商売についてはご主人がこまごまと決めているので，対外的にはご主人がすべてを決めているように見えるかもしれません。しかし，店の経営方針の重要部分は，実のところ奥さんに決定権があるのかもしれません。この点では，一般的な企業のような**階層構造**をもつ組織ではないと言えます。ただし，仕事の分担についてはパートさんを含めてきちんと行われていますので，日常の商売はうまく回っているのでしょう。極端に小さな組織とは，このように簡単な意思疎通ができていれば，維持することが可能でしょう。

創業したばかりの企業も，この八百屋さんと同じような活動で事業運営することが可能です。構成員全員が当該企業の創業メンバーでしかも全員が役員です。たまたま年長者の１人が社長になっていますが，社内の会議では皆が平等の立場で話しています。日中は全員が営業活動で外回りですから，電話番としてアルバイトを１人雇いました。ここから階層構造が生まれ，組織が大きくなるにつれて，さまざまな変化が組織内で起きてくるのです。

084 大きな組織 ―組織の定義 3

Key Words 公式化，専門化，標準化，分業

企業が小さな組織であった時には，基本的な大枠の取り決めさえあれば，組織の構成員全員がその取り決めの前提となる創業時の基本精神までも十分理解して，自律的な判断のもとで正しい行動ができました。また，各人は自分がしなければと思う仕事ならば，たとえトイレ掃除であっても率先してすることで，組織全体の円滑な運営を支えることができました。

しかし，創業して間もない小さな企業も，事業がうまく発展していくならば，徐々に組織を大きくしていくことになります。組織が大きくなると創業時の基本精神を知らない人々が入社してきます。さらに，自分はトイレ掃除をするためにこの会社に入ったのではないと言って，辞めていく人たちも出てきます。

そこで，大きな組織では**公式化**と**専門化**が促進されることになります。公式化とは，組織内の仕事がどの程度**標準化**されているかということです。仕事が公式化されていると，その仕事の担当者は何を，いつ，どのようにすべきかを明快に判断できますので，自分の仕事に対する誤解が生じる余地はありません。組織内での公式化がより高度になってくると，職務に関する精緻なマニュアルが完備されて，細々としたルールが規定され，職務の手順も明確に決められることになります。

小さな組織では，構成員には自律的な判断が求められましたが，公式化が進行すると構成員の自由裁量の余地が非常に小さくなります。たとえば，国家公務員の職務の多くは，組織内のルールのみならず法律で規定されているものも多いですから，国家機関は公式化の程度の高い組織の典型例と言えるでしょう。一方，自社のビジネスモデルが成功して一気に巨大化するIT企業があります。このような企業はその規模が大きくとも，成長が速かったことと事業環境の変化が激しいことから職務の標準化を避ける傾向があるでしょう。

専門化とは，組織構成員の1人が仕事の始めから終わりまですべてを一貫して行うのではなく，仕事の流れをいくつかに分解して各部分を別の担当者が行

084 大きな組織の特徴

▶公式化
① 職務が標準化されている
② 業界によって公式化の程度にバラつき

▶専門化
① 分業
② 仕事の効率化

▶官僚制下での典型組織
① 機能別組織
② 事業部制組織

うことを示します。経済学の祖と呼ばれる英国のアダム・スミスは，1776年に出版した『諸国民の富（国富論）』のなかで，作業を分割することでピンの生産効率が格段に向上した様子を描いています。これがいわゆる**分業**です。

大きな組織の中には，高度なスキルや熟練を必要とする仕事もあれば，アルバイト学生にもできる簡単な作業も存在しています。こうした多様な仕事を1人の担当者がすべて行うと，自分の能力より低い仕事をしなければならない担当者が出てくると同時に，自分の能力では遂行できそうにない難しい仕事に遭遇する不幸な担当者も現れます。仕事を遂行する上でのこのような非効率を避けるために，分業によって各担当者の能力に見合った仕事を適切に配分することが重要となるのです。

公式化と専門化が進んだ大きな組織は，一般に官僚制を採用していると呼ばれます。官僚制とは，国家公務員としての官僚を対象にした組織体制ではありません。一般組織における公式化と専門化の進んだ仕組みのことを示しています。官僚制を採用している大きな組織では機能別に組織が編成され，さらに異なった事業領域を分割して運営する事業部制組織を採用することもあります。

085 組織の構造 —組織構造と設計１

Key Words　単純構造，官僚制，マトリクス構造，部門化

規模の大小に関係なく組織の構造について考えていきましょう。組織構造は大きく分けて，**単純構造**，**官僚制**，**マトリクス構造**の３つに分類できます。

小さな組織の項（083）で説明した個人事業の小売店や起業まもない企業などの組織構造は，単純構造である場合が多いものです。単純構造の組織では，**部門化**されていることは稀で，各構成員の仕事の管理範囲は広く，公式化の程度が低いのが一般的です。また，組織内の階層もせいぜい２～３層程度であり，比較的フラットな構造をしています。また，１人の個人に権限が集中しているのが一般的です。すなわち，対外的な体面を考慮して役員や管理職に相当する階層が存在しているのですが，すべての決定権を社長１人が握っているような企業を想像すればよいでしょう。

単純構造の利点は，まさにその単純性にあります。組織構造が単純であるがゆえに，迅速な意思決定が可能になり，責任の所在も明確である場合が多いものです。ただし，構成員が非常に少ない中で１人の個人が意思決定をしていますから，大きな環境変化に対して適切な対応が取れるかどうか，というリスクが大きいという欠点も存在します。

前項でも紹介したように官僚制の基礎となる概念は公式化と専門化です。公式化によって，細かな規則や規定が数多く存在します。また専門化によって，仕事は細分化され高度にルーティン化されることになります。さらに，こうした仕事は機能別部門化によって分類されますから，管理範囲は比較的狭い領域に限定されることになります。

ただし，官僚制の強みは標準化された活動を効率的に遂行できる，ということになります。さらに，類似した仕事を担当する構成員を１つの機能別部門にまとめることで，職務遂行上の規模の経済が実現できます。また，まとめることで構成員と組織内の設備を集約することができるために，冗長性を最小限に抑えることが可能になり，より効率性が達成できるのです。

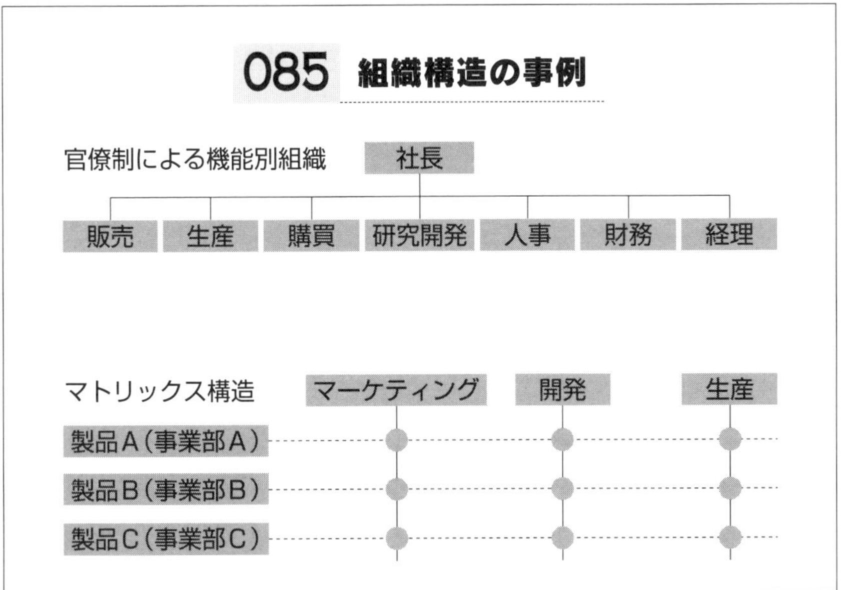

ただし，官僚制の欠点は高度な専門化によって組織が縦割りとなり，組織内の下位単位どうしの対立が生じやすいことでしょう。また，構成員が規則に過剰にこだわるために，臨機応変な対応ができないことも考えられます。

マトリクス構造は，機能（職能）と製品（サービス）という２種類の部門化の形態を格子状に組み合わせたものです。図のそれぞれの部門化の交差する場所にいる構成員は，機能部門の管理者と製品部門の管理者の双方から指示・命令を受けて，また双方に報告する義務を負っています。

マトリクス構造の利点は，機能別に集められた専門家をどの製品プロジェクトに専念させるかを決定できることと同時に，それぞれの製品に対する各専門家の責任を明確化できることにあります。ただし，製品別に専門家を張り付けるために，人的コストが増大する欠点もはらんでいるのです。

以上のように３つの組織構造を紹介しましたが，世の中の多くの企業が一般的に官僚制を無意識に採用しています。しかし，マトリクス構造はプロジェクトレベルでの採用は普及しているものの，全社的に採用している企業は非常に少ないと言えるでしょう。

086 組織の設計 —組織構造と設計 2

Key Words 指揮命令系統，管理範囲，集権化と分権化

単純構造であった小さな組織も，事業の成長とともにその規模が拡大してきますから，官僚制へ移行する必要に迫られます。そこで，新しい組織をどのように設計するかが問題となるでしょう。ここからは，組織設計上の６つのポイントについて理解していきましょう。

◆職務の専門化

仕事は複数の構成員によって分業されますから，１人の担当者がどの程度の範囲の仕事に専門化するかを決める必要があります。たとえば営業という職務の場合，外回りの接客は担当するけれど契約書の作成などは別の担当者が集約して行う，などの専門を分けることがあります。

◆部門化

職務のもつ共通性に基づいて部門化しますが，さまざまな部門化の考え方が存在します。最も一般的なものが機能による部門化でしょう。その他，扱う製品ごとの部門化，地理区分による部門化，特定の顧客層に応じた部門化などがあります。

◆**指揮命令系統**

職務をさせるために誰が誰に命令し，行った職務の経過・結果について誰が誰に報告するか，が決められます。一般的には，命令権限と報告義務の系統の一貫性から，１人の構成員はその上司のみに責任を負うことになります。この点，マトリクス構造は例外的な構造と言えます。

◆**管理範囲**

管理者が効率的に指揮できる部下の人数を管理範囲（Span of Control）と呼びます。部下が多ければ管理範囲は大きく，少なければ逆になります。図のように最下層の作業者が約4,100名と同じである企業でも，管理範囲を大きくすると管理職数は800人近くも減少させることができます。

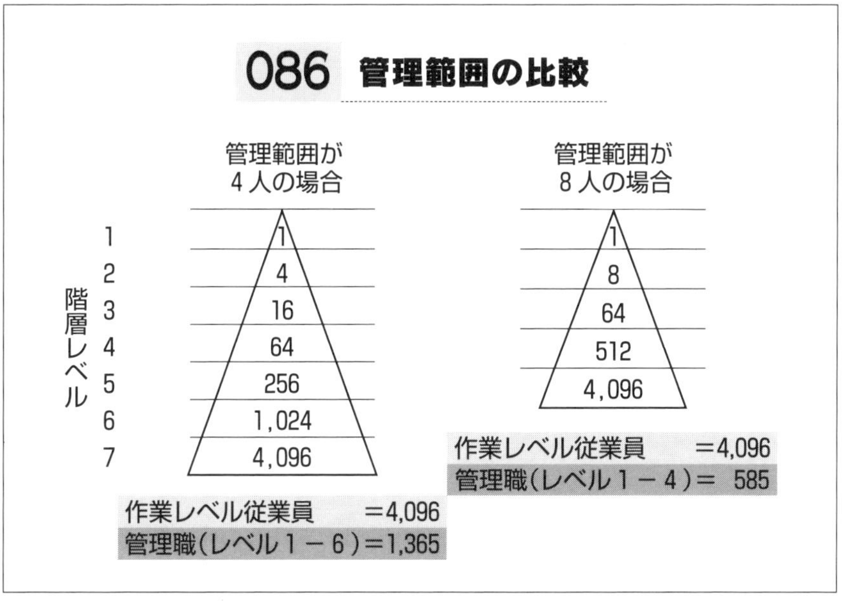

◆集権化と分権化

下位レベルからの情報がない状態で，上位レベルの管理者が決定を行う場合，その組織は集権化していると言います。一方，下位レベルの構成員が決定権限を与えられている場合や，彼らが上位レベルの管理者に多くの情報を与えている場合には，組織が分権化されていると言います。

◆公式化

公式化が進んで職務行動が標準化されると，職務における構成員個人の決定権が小さくなります。それゆえに，過度な標準化は構成員が他の方法を試行錯誤する可能性を排除することになりますから，職務行動の硬直化の危険性をはらむことになります。

企業は，自社を取り巻く外部環境と構成員をはじめとした経営資源に関する内部環境の状況を十分に考慮して，上記6つのポイントについて自社の組織設計のレベルを決定する必要があるのです。すべての組織に最適であるようなレベルは存在しませんから，経営者の判断が重要となります。

087 設計上の注意点 —組織構造と設計 3

Key Words 顧客層別部門化，意思決定，専決権

前項の６つのポイントの中には，それぞれの程度が高すぎても低すぎても組織設計がうまくいかないものがあります。それゆえに，組織を設計する際に特に注意が必要な事項を以下にまとめておきましょう。

◆部門化

企業の部門化は，機能別部門化から始まるのが一般的でしょう。ただし，組織が巨大化すると他の部門化の概念も併用することが必要となります。すなわち，市場の違いによって事業部門化し，製造部門は製品別部門化へと細分化されます。また，販売に関しては本社のほかに地方や海外へと部門化が進展します。さらに，同じ支社・支店内の販売部門内は顧客層別に細分化されるなど，複数の部門化が同時に行われるのです。

なお，バブル経済の崩壊以降の日本企業では，顧客満足度を向上させる目的で**顧客層別部門化**が多く採用されるようになっています。同時に，顧客ニーズへの包括的な対応のために，複数の部門にまたがる機能横断的なチームが補完的に利用されることも多くなりました。

◆管理範囲

管理範囲が小さいと，次のような３つの問題が生じることになります。１つは，階層レベルと管理職数が増加することで人件費が増加することです。次に，組織内でのコミュニケーションがより複雑になって，階層レベルの数が増加することで，**意思決定**に時間がかかるようになります。３つめは，管理範囲が小さいことから，管理が行き届きすぎて管理過剰の傾向が生じます。こうして，構成員の自主性が損なわれる危険性が生まれるのです。

ただし，管理範囲を大きくするには限界があります。単純作業者を対象とする場合を除いて，管理者が管理と相談や業務サポートを十分に行うためには，一般には管理範囲は50人が限度だと言われています。

087 設計上の注意点

▶部門化
- 複数の部門化の概念を併用
- 顧客層別部門化が多用される

▶管理範囲
- 小さい管理範囲の弊害
- 大きい管理範囲も50人が限度

▶集権化と分権化
- 分権化傾向が強い
- 戦略決定は経営者が専決権をもつ

◆集権化と分権化

近年（2022年）では，企業での分権化の傾向が強くなってきています。従来は上位管理者のみに与えられていた権限が自己管理型のチームなどに委譲されて，下位階層の構成員に多くの権限が移されるようになってきました。こうすることで，より多くの構成員が意思決定プロセスに関与できるために，組織構成員の疎外感を減少させることができます。

また，パソコンやスマホの普及によって，構成員が多くの情報に直接アクセスできるようになり，組織内の公式ルート以外でも多くの構成員とコミュニケーションができるようになったことから，より実質的な分権化が進んでいると言ってよいでしょう。

ただし，過度の分権化はそれぞれ権限をもった下位単位の自律性を高めることになりますから，下位単位間での意見の対立を生みやすくなります。このため，企業の最重要決定事項である戦略については，経営者（社長）自らが**専決権**をもつことが必要となるのです。

088 組織の文化と風土 —組織は戦略に従う１

Key Words　人工物，信奉された価値，基本前提，規範的要素

企業組織内の文化や風土について，大まかには理解できたつもりになっていても，実のところその正確な概念を知らない場合が多いものです。組織文化について，米国の心理学者であるエドガー・シャインは次のように定義付けています。

> **ある特定のグループが，外部への対応や内部統制の問題に対処する際に学習し，グループ自身によって作られ，発見され，あるいは発展させられた基本的仮定のパターン。**

さらに，彼は文化を図のように３つの階層に分類しています。上の階層は，グループ外の人たちからも見ることのできる**人工物**です。たとえば，オフィスの机のレイアウトなども文化によって異なるのです。ただし，そのレイアウトがどのような文化を示しているのかを判別するのは難しいでしょう。

次に，そのグループ内で**信奉された価値**があります。戦略や目標あるいは哲学などと表現されることの多いものですが，これらはグループ内で正当化され，その構成員によって信奉されているものです。

文化の最も根源的なものが，人工物や信奉された価値を形成する**基本前提**です。グループ内の構成員がもっている認知，思考，感情といった無意識の信条が価値や人工物に対する究極の源泉となります。

文化は新しく参加する構成員に教え込まれる**規範的要素**をもっていますから，「郷に入っては，郷に従え」のことわざにあるように，強制力をもっています。それゆえ，文化が示す規範に背く構成員は，当該グループに居づらくなるのが一般的です。

一方，リットビンとストリンガーは組織風土について次のように定義しています。

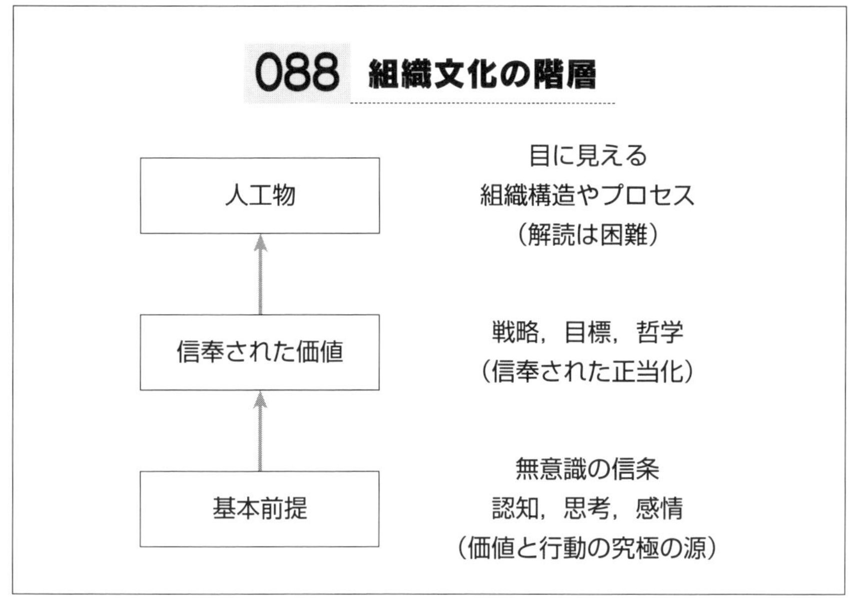

仕事環境で活動する人が直接的，間接的に知覚し，彼らのモチベーションおよび行動に影響を及ぼす測定可能な一連の特性である。

彼らが挙げた組織風土の違いを示す基準は，次の5つとなっています。すなわち，①認知される構造と制約，②経験される温かい雰囲気，③支持と激励，④信賞か必罰かどちらかの重視，⑤管理者によって設定される業績基準。

文化と違って，風土には構成員に対する強制力はありませんが，異なった風土は，構成員がもつそれぞれに異なったモチベーションを刺激します。さらに，対人関係に対してそれぞれ独自の形態を生み出しますから，構成員の仕事上の満足感や業績水準に対して強い影響を及ぼすことになります。

日本企業での調査結果からも，①温かい風土は，強く構成員を動機付ける，②自己実現的な風土は，内的動機付けの向上を促す，③十分に機能的ではない組織では，個々人は自律的に動機付けられる傾向が生まれる，などが報告されています。

089 戦略に基づく組織設計 —組織は戦略に従う 2

Key Words 組織は戦略に従う

前項までの説明で，組織全般についてはその概要が理解できたでしょう。そこでこの項では，戦略と組織の関係について考察していきましょう。

米国の経営史学者であるアルフレッド・チャンドラーによる有名な言葉に「**組織は戦略に従う**」というものがあります。企業ではまず戦略を策定し，その戦略を効果的に実行できるような組織編成にすることが当然だ，という考え方を明示したものです。

ただし，現実には「戦略がファッションに従う」こともありますし，「戦略が組織に従う」ことも往々にして見受けられるのです。

ファッションに従うというのは，多くの企業の戦略がその時代の流行や風潮に乗って，似通ったものになることを示しています。バブル経済の時代には多くの日本企業が慎重な検討もせずに，不動産を担保にして銀行から巨額の資金を借り入れて，リゾート開発やマンション事業へと多角化しました。これがまさに戦略がファッションに従ったもので，バブル経済の崩壊とともにその多くが破綻していきました。

一方，戦略が組織に従うというのは，日本企業ではごく一般的な現象と言えるでしょう。大企業での戦略策定のプロセスを考えれば納得がいきます。多くの大企業には，社長室や企画室と呼ばれる戦略策定を専門に担当する組織があるのが一般的です。ここでは外部環境に関する調査・統計データを収集し，内部環境である各機能部門や事業部門などから吸い上げた情報を基にして戦略案を策定します。こうした戦略案が役員会の議題に上げられて決裁されるのです。こうしたプロセスを踏んで策定される戦略には，現状の組織を否定するような案が盛り込まれることがほとんどありません。なぜなら，現状の機能部門長も事業部門長も，自分の管理する部門が縮小したり廃止されるような情報を上げないからです。こうして組織の現状維持を前提とした戦略案ができることから，戦略が組織に従うことになってしまうのです。

089 戦略と組織

▶情報吸い上げ型の戦略策定
⇒戦略が組織に従う

▶業界横並び型の戦略策定
⇒戦略がファッションに従う

▶社長専決型の戦略策定
⇒組織は戦略に従う

それゆえに，チャンドラーの言葉は「組織は戦略に従うべきだ」という意味で理解したほうがよさそうです。

欧米ではごく一般的な考え方ですが，戦略は社長（経営者）1人が考えて策定すべきものとされています。社長は常に企業全体を眺めながら事業の現状を把握しなければなりません。それゆえに，長期的な観点から縮小すべき事業部門も特定できていますし，将来の主力事業となる新しい事業部門を編成する必要も理解できているはずだからです。また一般に社長は，同業あるいは異業種を含めて同じ社長と呼ばれる人々との交流が多く，新しくて重要な情報が真っ先に入手できる可能性の高い立場と言えます。それゆえ，外部環境情報についても十分に検討できるのです。

社長が策定した戦略を実行するのが，この章でさまざまに学んできた組織です。社長の仕事の本質は，有効にかつ効率的に自分以外の組織内の構成員に働いてもらうことですから，戦略を実行する際に支障が生じる組織は必ず改編する必要があるのです。

こうした必要性に対してチャンドラーは，組織は戦略に従うと表現したのだと考えてください。

第12章 ポイント

① 組織の管理範囲は，50人が限度と言われている

② 組織文化は，新しい参加者に教え込まれ規範的要素をもつ

③ 組織は戦略に従うべきである

参考文献

バーナード，C.I.（1968）『新訳　経営者の役割』ダイヤモンド社。

チャンドラージュニア，A.D.（1967）『経営戦略と組織：米国企業の事業部制成立史』実業之日本社。

石井淳蔵・奥村昭博・加護野忠男・野中郁次郎（1996）『経営戦略論　新版』有斐閣。

伊丹敬之・加護野忠男（2003）『ゼミナール経営学入門　第３版』日本経済新聞社。

桑田耕太郎・田尾雅夫（1998）『組織論』有斐閣アルマ。

リットビン，G.H.・ストリンガー，R.A.（1974）『経営風土』白桃書房。

Robbins, Stephen P. and Timothy A. Judge (2009), *Organizational Behavior (13th Ed.). Upper Saddle River*, NJ : Pearson Education, Inc.

Schein, Edger H. (1992), *Organizational Culture and Leadership : Second Edition*. San Francisco, CA : Jossey-Bass Inc., publishers.

Smith, Adam (1994), *An Inquiry into the Nature and Causes of the Wealth of Nations*. originally published 1776. Excerpted from the Modern Library Edition, edited by Edwin Cannon. New York, NY : Random House Inc.

田尾雅夫（1987）『仕事の革新』白桃書房。

第13章

人の心理への適合戦略

☞第12章の082で学んだように，組織は２人以上の人々から構成されています。複数の人々が集まるところでは，さまざまな人間行動が起こるのは言うまでもないでしょう。一方で，戦略が合理的でなければならないことも当然のことです。すなわち，戦略は人間の集団に対しても合理的でなければならない，ということを意味しています。それゆえに，人の心理に適合する戦略が必要となるのです。

☞この章では，戦略実行の主体である現場の人々の心理的な弱さに着目して，そうした集団に必要な戦略の要素を学びます。経営者によって合理的に設計された戦略を合理的に実行につなげるためには，人間集団の特性に適合する要素が求められるからです。

☞また，組織の一般的傾向にも言及し，組織変革の難しさについても学ぶことになります。

090 実行主体としての現場 ―組織の現場とは１

Key Words 生身の体と心，リーダーシップ

前章の089で，戦略を策定するのは社長（経営者）であるべきだと指摘しました。また，社長の仕事の本質が自分以外の組織の構成員に働いてもらうことだとも説明しています。すなわち，組織で働く人々に効果的な戦略実行をしてもらうためには，彼らの心理というものを十分理解した上で，戦略が練られていなければならないわけです。ここからは人間の心理に適合した戦略の展開について学んでいきます。

企業の社長（経営者）が非常に優れた戦略を策定しても，それを現場の人々が正確に受け止めて，戦略が目指す方向へと真剣に行動しなければ戦略の実行がなされたとは言えません。企業の業績は，現場で働く人たちの日々の小さな活動の積み重ねから生まれていますから，戦略を戦略として機能させるカギは，現場の人々の活動そのものなのです。

事業年度の初めには社内に戦略が展開されるのですが，組織内の多くの階層にわたって，その戦略で自分が何をすればよいのかよく分からない，という企業人が稀にいます。その人が勤めている企業では，せっかく策定した戦略もその実行段階で大きくその力が削がれていると言ってよいのでしょう。ただし，組織の構成員が戦略を十分に理解していても，その活動がいつも均質になるわけではありません。

現場で働く人々は，当然ながら**生身の体と心**をもっています。気持ちがよくて元気な日もあれば，仕事をしたくない気分の日もあるでしょう。あるいは，困難な仕事に直面したときに，なんとか楽をしたいと思う人も出てくるでしょう。そのような現場の構成員たちに「よし，頑張るぞ」と奮起してもらうためには，戦略の内容にも知恵を絞る必要があるのです。

一般に，現場の人々は自分が勤めている企業のことを，あたかも自分自身のことのように考えることができるときに，顧客満足を向上させるような積極的な行動がとれると言われています。

090 現場の人々

- 戦略実行とは，現場の人々の日々の活動
- 現場の人々は，生身の体を心をもつ
- 戦略内容が，心を打つか……
- 明示的な戦略
  - 一体感が生まれる戦略か
  - 勢いをつくれる戦略か
  - 不均衡を生む戦略か

それゆえに，戦略そのものが構成員の心の琴線にふれて，彼らが燃え上がることができれば，戦略はうまく実行されて目標達成も確かで早いでしょう。人はその心理状態によって大きな働きもしますし，逆に努力の手を抜くということも十分あるからです。

もちろん，人々の心理に影響を与えるのは戦略そのものだけではなく，社長（経営者）の**リーダーシップ**もあります。社長のリーダーシップによって人々がついて行こうと思う気持ちが生まれ，展開された戦略によってその具体的行動に弾みがつけば，戦略実行に大きな効果が生まれることになるのです。

人々の気持ちを刺激する戦略は明示的でなければなりませんが，さらに大きく分けて次の３つの要素がポイントとなります。

１つめは，一体感を生む戦略です。人々の協働の結束を高める戦略の必要性です。２つめは，勢いをつくる戦略です。人々の勢いは戦略実行をより効果のあるものにするからです。最後に，不均衡を生む戦略です。これによって思わぬ大きな成果を生むことがあるのです。

091 明示的な戦略の必要性 —組織の現場とは2

Key Words 一体感，長期志向，不安を払拭，調整

戦略が現場の人々を具体的な行動に駆り立てる核となるためには，明示的すなわち分かりやすいことが重要となります。この場合の分かりやすいとは，戦略が示している企業の将来像が現場で働く人々に夢を与えて，夢に向かって人々が自分のすべきことを理解して長期的に行動できる，ということです。

また戦略の実行過程では，環境変化や経営資源の思わぬ不足など，現場の人々が不安になる出来事が起こるものです。そのような場合に，明示的な戦略は心理的な防波堤の役目をします。戦略実行時の心の不安は，現場の人々の行動を不安定なものにする原因となります。しかし，戦略が明示的であれば，その揺らぎやふらつきをより小さくすることが可能になるのです。

また，戦略が明示的であることで，現場の人々全員が同じ戦略を共有していると実感できることになります。同じものとして共有された戦略は，人々の行動を自然に１つにまとめて協働が可能になりますから，組織内調整が簡単になります。この点でも明示的な戦略の効果は大きいと言えるのです。

日本の経営学者である伊丹敬之は，現場で働く人々のみならず経営者の心理をも含めて次のように述べています。

すなわち，人の心理への適合戦略を考える際には，そもそもの人間心理の本質を考える必要があります。中国の古典では，性善説と性悪説という両極の考え方がありますが，伊丹は「人は性善なれども，弱し」という立場をとっているようです。多くの人々は，善の兆しをもっているけれど，放っておけば自分の欲望に負けて，ついつい緩む危険性をもっています。それゆえに，人の善なる部分をどのように生かすか，その弱い部分をどのように抑えるかが，心理への適合戦略の要点だとしています。

人間の心理の弱い部分へ能動的に働きかける適合の戦略というのは，ともすればバラバラになりがちな人間の集団に「**一体感**を生み出す」効果を目指す心理への適合戦略ということができます。

091 戦略による効果と人の心理

- ▶将来の夢に向かって，長期志向の活動
- ▶戦略遂行時の不安の払拭
- ▶戦略による自然な調整

人は性善なれども，弱し

一体感を生み出す戦略の重要性

ここで，明示的な戦略によってどのような効果が生まれるのか，具体的に列挙してみましょう。なお，最後に挙げた戦略が組織の一体感の核となる，というものが最も重要な部分となります。

- ◆将来の夢に向かって，短期志向ではなく**長期志向**の活動ができる。
- ◆戦略遂行時の**不安を払拭**する役目を果たす。
- ◆戦略が活動の共通指針となるために，組織内での**調整**が自然に行える。
- ◆組織に未来像が生まれて，組織の一体感の核となる。

業績が低迷している組織では，人々の心が落ち込んで活動もバラバラになっていることが多いものです。そこでは組織の一体感を生み出すことがまず必要になっているでしょう。一方で，ある程度一体感をもって活動ができている組織ならば，明示的な戦略でさらに勢いをつけることが必要になるでしょう。

次項からは，明示的な戦略の具体的な効果となる，一体感を生む，勢いをつける，不均衡を生む，それぞれの戦略について学んでいきます。

092 一体感を生む戦略 ―戦略が心理に適合する１

Key Words 小さな成功，優先順位，コンセンサスのギリギリ，少し良いこと

組織の中で人間の弱さが最も現れる状態とは，個人としての努力が緩むことと，自分のことを優先して集団としてはバラバラになることでしょう。そこで，明示的な戦略が次のような要素を取り込むことで，組織をバラバラの状態から一体感をもった組織へと変貌させることができるのです。

◆**小さな成功**

戦略が目標とする最終ゴールに至るまでには多くの時間がかかります。その戦略実行の過程で人々の間にさまざまな不安が生じてくるのですが，途中の小さな成功によって，自分たちもやれるという前向きの気持ちが共有されることになります。さらに，その成功がたとえ小さなものであっても，戦略が正しかったという納得感が生まれ，経営者への信頼感さえも生まれるからです。それゆえに，戦略実行の初期段階にあらかじめ小さな成功を収めるような仕掛けを組み込んでおくことが必要なのです。

◆**優先順位**

これは，戦略が示す行動の指針そのものが一体感の源泉になるものです。戦略のストーリーの中には目標に向かってさまざまな道筋が設定されています。この活動の流れの中で優先順位が明快に示されている必要があります。この優先順位があいまいになっていると次のような人の弱さが露呈してくるからです。１つめは，自分の動き方の基本が定まらなくなって，ついつい努力が緩んできます。２つめは，組織内には常に利害の対立があるものですから，優先順位が明確でないと組織内での諸活動が政治的な動きをしてしまいます。３つめは，優先順位が明確でないと，過去の慣習的な優先付けで活動が行われて，戦略の意図が実現されません。

◆**コンセンサスのギリギリ**を狙う

これは一種のショック療法的なものでしょう。少々荒っぽい戦略手法を使

092 一体化への焦点

- 戦略の初期に小さな成功を組み込んでおく
- 戦略の中で，優先順位を明確にする
- コンセンサスのギリギリを狙った戦略であること
- 少し良いことを持続的に行える戦略であること

うことで，人々に緊張を与えて，その結果として組織としての一体感を醸成する戦略の仕掛けです。戦略展開の際に，コンセンサスがとれている場合にはほぼ全員が賛成しているわけですから，何ら緊張感は生じません。しかし，コンセンサスがとれるかどうか瀬戸際で決めた戦略の実行の際には，関係者の間に大きな緊張感が存在しますから，より一体感を高めた行動が期待できるのです。

◆**少し良いこと**を持続的に

緊張感は長続きしません。それゆえに，長期的に一体感を維持するためには少し良いことを持続的に戦略の中に組み込んでおく必要があります。戦略展開初期の小さな成功，あるいはショック療法によって緊張感を高めることで一体感を醸成するのですが，そればかりでは人は疲れてしまいます。少し良いことを持続的にやることで，「これならやれる」という自信が生まれてきます。これが，この戦略のポイントになるのです。少し良いことを持続的に行える組織こそが，時には素晴らしいことができることになって，結果として好業績を残せるのです。

093 勢いをつくる戦略 —戦略が心理に適合する2

Key Words 旗を掲げる，ジャンプ，捨てる，つるべ打ち

人の性が弱いという部分は，前項で説明した一体化の戦略で補強できるでしょう。しかし，それだけでは十分ではありません。人の善なる部分をさらに強く押し出すために，次のような戦略要素が必要となります。こうした要素によって，テコの原理のように戦略により勢いが生まれるのです。

◆**旗を掲げる**

人々のモラールが高まるのは，具体的な金銭的利益が期待できる場合だけではありません。組織の未来とそこに属する自分の未来に夢が描けるときにこそモラールはアップします。すなわち，説得力のある夢を経営者が示すときに，人々のモラールが向上して組織の勢いが生まれるのです。木下藤吉郎（後の豊臣秀吉）が，清州城の城壁修理で作業班ごとの競争心を煽りながら，お祭り騒ぎのようにして作業効率を上げた逸話は有名です。こうしたリーダーによる適切な旗振りによって勢いが生まれるのです。

◆トップ自らが**ジャンプ**

一見すると無謀なように見えるジャンプをトップ自らが戦略として利用することも，組織に勢いをつくる戦略の1つになります。トップが大きく決断することによって，現場の人々が潜在的にもっている前向きの意欲を顕在化させることが可能になります。キヤノンの御手洗社長（2000年当時）は，複数の業務革新プロジェクトを立ち上げた際に，各プロジェクトのリーダーにまったくの門外漢を充てるという決断をしています。リーダーが業務に精通していないがゆえに，プロジェクトチームが白紙の状態から業務革新案を練り上げるという勢いが生まれたのです。

◆まず**捨てる**

既存の事業のどれかを切る，あるいは，捨てることによって，結果として組織の勢いが生まれることがあります。キヤノンの御手洗社長は，従来か

093 組織の勢い

- リーダーが旗を掲げる
- トップの決定が大きなジャンプ
- 事業などをまず捨てる，切る
- 一気呵成のつるべ打ち

らあったパソコン事業から1996年に撤退しています。これによってパソコン事業に従事していた現場の人々のモラールは短期的には下がりました。しかし，この時期がちょうど初期のデジタルカメラの開発期であったことから，彼らがパソコンで培ったデジタル技術や特許がデジタルカメラ開発に大いに活用できたのです。これによってキヤノンのデジタルカメラ開発に大きな勢いがつきました。

◆一気呵成の**つるべ打ち**

戦略の１つひとつの打ち手が明確な方向性をもって，一気呵成に連なっていると，自ずと組織に勢いが生まれてきます。1980年代後半にアサヒビールの樋口社長（当時）は銀行借り入れを積極的に行って，スーパードライを専門に醸造する工場を日本全国に矢継ぎ早に作っていきました。これによってアサヒビールの供給能力が急増して，キリンビールのシェアをどんどん奪っていくことになります。過去に例のない大型の設備投資が毎年のように行われることによって，アサヒの社員全体が奮い立ち，営業力にも勢いが生まれることになったのです。

094 不均衡な戦略 —戦略が心理に適合する3

Key Words 市場創造，ビジネスシステム，情報的経営資源

坂の途中で止まっている石を再び転がすには，静止しているという均衡状態を壊す必要があります。同様に，勢いを失っている組織は何らかの理由があって一種の均衡状態にあると考えられます。組織が動きだし，転がる石のように勢いがつくためには，均衡状態にある人々を突き動かさなければなりません。すなわち，あえて均衡を壊す戦略が必要になるのです。ここからは以下のようにさまざまな場面での不均衡な戦略の実例を見ていきましょう。

◆**市場創造**での不均衡な戦略

現在供給されている製品（サービス）とは大きくかけ離れた製品を供給することによって，既存製品との間に大きな不均衡を起こす戦略です。ヤマト運輸（2022年現在，ヤマトホールディングス）の宅急便の市場導入は，この戦略の典型と言えるでしょう。郵便小包と鉄道小荷物しかなかった時代に，個人向けの小荷物を運ぶという新サービスを提供して，新しい需要を作ろうという戦略です。こうした戦略は，儲かるか儲からないかというお金の論理だけでは発想が難しいもので，高度な経営判断のできる経営者でなければ構築しづらい戦略でしょう。

◆**ビジネスシステム**での不均衡な戦略

製品（サービス）を顧客に届けるまでのビジネスシステムについて，従来とは大きく異なったものを導入するような戦略です。ITとインターネット技術が進歩した環境下では，この戦略によってビジネスを急拡大させた企業が多いと言えます。インターネット経由のダウンロードで多様な音楽ソフトが購入できる仕組みを備えたiPodを発売したアップル社はその典型と言えるでしょう。さらに，本を販売することからビジネスをスタートさせたアマゾンは，その仕組みをその他の商品の販売にも転用して，売上を急拡大させています。

094 オーバーエクステンション戦略

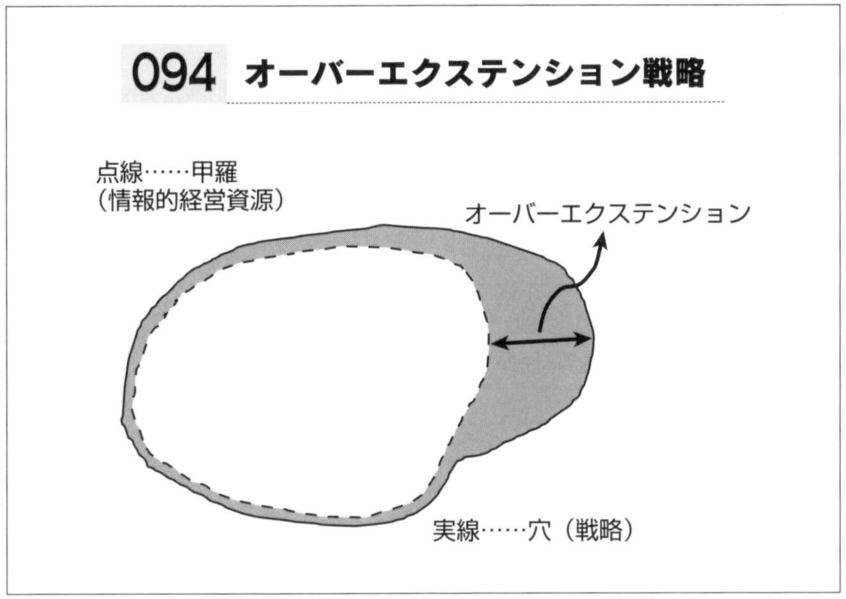

◆**情報的経営資源**での不均衡な戦略

「カニはおのれの甲羅に似せて穴を掘る」ということわざがあるように，企業は自社のもつ経営資源や能力に応じた戦略をとるのが普通です。しかし，一般的には正しいこの考え方も，企業の長期的な発展を考えると望ましくないこともあります。1998年にシャープの社長になった町田勝彦は，社長就任会見で，2005年までに同社が国内で販売するテレビをすべて液晶に切り替えると発表しました。この決定は，町田が社内の技術者に揺さぶりをかけたものでした。当時のシャープでは，液晶テレビが一般化するのは2010年頃だと考えられていたのに対して，開発部門にあえて無理な戦略を強いたものでした。しかも結果的には，町田の宣言通り2005年には液晶 AQUOS テレビによって全数切り替えに成功しています。

経営学者の伊丹は，こうした情報的経営資源での不均衡な戦略を「オーバーエクステンション戦略」と呼んでいます。自社の情報的経営資源を部分的にオーバーする事業活動をあえて行うという意味で，オーバーエクステンション（過度拡張）戦略なのです。

095 ルーティンとレパートリー
—組織の長期適合1

Key Words 短期適合，長期適合，問題解決，学習

多くの人々が通学や通勤の際に，ほぼ毎日のように同じ時刻に起きて，同じようなメニューの朝食をとって，同じ時刻に発車するバスや電車に乗って移動するでしょう。オフィスまで歩く道順も毎日同じであることが多いのでないかと思います。仮に毎日違う道順で通学・通勤している人がいるなら，その人はよっぽど好奇心旺盛な人ではないでしょうか。それほど，普通の人々は，ことさら大切でないことについては同じ動作の繰り返しで対応します。すなわち，人間は思考を節約する動物なのです。

同じ作業の繰り返しのような仕事をルーティン業務と呼びますが，ルーティンとは規則的で事前に予測できる行動のことを意味しています。思考を節約する人間は，日々の生活行動を一定のルーティンの組み合わせによって形成するようになります。そして，こうしたルーティンの一定の束が，レパートリーと呼ばれるものです。多くの人がカラオケに行くと，自分のレパートリーの曲を何曲か歌うでしょう。歌い慣れた1曲がルーティンで，その束の数曲がレパートリーなのです。

ルーティンとレパートリーに過度に依存していると，日々の生活や仕事においてもあまり考えることをしなくなり，環境変化への感度が低下します。

ルーティンとレパートリーに依存したために，大きな失敗をした歴史上の出来事があります。東西冷戦時代の1962年10月14日に，米軍偵察機がキューバにソ連の核ミサイル基地の建設現場を発見しました。ケネディ米大統領は，すぐさまキューバに向かう東欧船籍の船をすべて大西洋上で臨検する措置をとります。さらに大統領は，キューバに核ミサイルが配備されていることを22日のTVで全米に公表することになり，国民がパニックに陥りました。その後，水面下の交渉によってソ連首相のフルシチョフはミサイル撤去を発表し，核戦争の危機は去ることになります。

米国本土から近いキューバに米軍偵察機がやってくることは，ソ連にも分

095 “笑えない” ルーティン作戦

▶1959年

1月1日 カストロ，ゲバラによるキューバ革命

▶1962年

10月14日 米軍機がソ連製核ミサイル基地を発見

その後 大西洋上で臨検

22日 核ミサイルの存在をTV発表

28日 ソ連首相が核ミサイル撤去を発表

かっていたはずでしょうが，空へのカモフラージュを怠っていた理由が，ソ連軍のレパートリーにあったのです。広大な国土をもつソ連国内で核ミサイル基地を建設する場合，米軍機は飛来しないので空に対するカモフラージュするというレパートリーがありません。このレパートリーをキューバでも頑なに遵守していた結果，ソ連軍のキューバ核ミサイル基地建設は失敗に終わったのです。

組織が従来からもっているレパートリーの範囲内で環境適合することを**短期適合**と呼びましょう。これに対して，組織行動のレパートリーそのものを変化させながら環境に適合できるならば，長期にわたって環境に適合（**長期適合**）できるはずです。すなわち，短期適合が既存の能力（レパートリー）の範囲内で行う**問題解決**ならば，長期適合は既存の能力そのものを変化させることであり，これは**学習**による環境適合行動の適正化と言えるでしょう。

組織は原則として長期的な生存を望むでしょうから，常に学習することによって自身の行動パターンを変化させることができれば，生存を達成しかつ成長することができるでしょう。

096 組織の変革者 —組織の長期適合2

Key Words 中枢，辺境，経営資源，保守的，パラダイム

企業の創業から長い時間が経過すると，創業者自身や創業チームが組織を去ります。日本の企業であれば，組織内部から昇進して社長になる人が現れることが多いものです。その人に経営能力が十分備わっているならば問題はありません。しかし，社長になる人すべてに経営能力があるわけではないのが，組織の現実だと言ってよいでしょう。

営業能力や事務処理能力などが非常に高いために，組織内で昇進を重ねて社長に上りつめる人がいます。あるいは，組織内での調整能力が高いために，前任の社長から信頼されて，後任の社長を任される人もいます。このような人たちは経営能力を見込まれて社長になったわけではありませんから，そののち組織のトップとして誤った戦略展開をしてしまうことが多いようです。

しかも，社長として長年経営に携わっている人は，自分の責任で経営不振が長期間継続していても，なかなか自社を変革できないことが多いようです。なぜなら，自組織に変革が必要になった理由を自覚できないからです。逆説的ですが，もし彼が自覚できていたならば，経営不振が始まった時点で何らかの改善手段を講じていたはずでしょう。

それゆえに，組織の変革者は当該組織の**中枢**からは現れない場合が多いようです。本当の変革者は**辺境**から現れるのです。変革を必要とする組織内の辺境部署や，あるいは辺境を飛び越えて組織外であったりしますが，それまでの経営中枢の影響を受けなかった人が真の変革者になり得るのです。

組織の辺境部署は，自分たちの事業の存続が危ぶまれるようなぎりぎりの経験をしていることが多いですから，環境の変化に非常に敏感になります。また，辺境であるために潤沢な**経営資源**が供給されませんから，知恵を絞って創造性を磨くことになります。これに較べると，組織の中枢は保守的になっていきます。組織が時間をかけて成長し安定してくると，経営資源に余裕が生まれて組織が崩壊する危険性が小さくなります。このために環境変化に注意する必要性

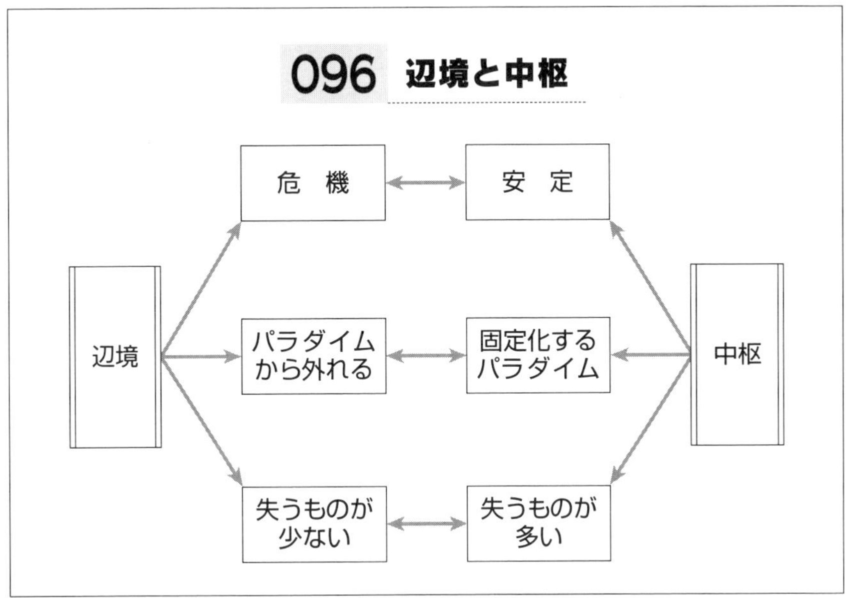

が減少し，結果として変化に対して鈍感になり，**保守的**になっていくのです。

長期的に成功を繰り返して成長してきた組織は，保守的な傾向を強めて，その成功体験から特定の**パラダイム**（支配的な物の見方・共通の思考の枠組み）をもつようになります。こうしたパラダイムは非常に堅牢で，そのパラダイムが正しいと信じ切っていますから，自分から新しいパラダイムを構築することができません。一方，辺境部署は組織中枢がもつパラダイムを共有しておらず，環境変化に対する危機管理を大切にする別のパラダイムをもつことになります。この辺境のパラダイムが，中枢のパラダイムを打ち破る原動力となるのです。

さらに，組織の中枢には潤沢な経営資源が存在するということは，彼らにとって失うものが多すぎるということになります。失うものが多い場合，人はそれらをなるべく維持しようとするために，大きな変革の決定ができないことが多いのです。経営資源の少ない辺境は失うものが少ないですから，身軽に意思決定して戦略転換ができます。

このように中枢にはない辺境の特性が，長期的に不振を続ける組織の変革を担うことになるのです。

第13章 ポイント

① 戦略は，明示的（分かりやすい）なものでなければならない

② 人間は思考を節約する動物である，ことを自覚する必要がある

③ 組織の変革者は中枢ではなく，辺境から現れる

参考文献

伊丹敬之（2012）『経営戦略の論理　第4版』日本経済新聞出版社。

伊丹敬之・加護野忠男（2003）『ゼミナール経営学入門　第3版』日本経済新聞社。

クーン，トーマス（1971）『科学革命の構造』みすず書房。

黒岩健一郎・牧口松二編著（2012）『なぜ，あの会社は顧客満足が高いのか：オーナーシップによる顧客価値の創造』同友館。

桑田耕太郎・田尾雅夫（1998）『組織論』有斐閣アルマ。

第14章

組織は学習する

☞戦略の実行主体となる組織にはさまざまな特性がありますが，企業の経営者として特に注意しなければならない組織の慣性について学びます。組織に慣性が生じる要因はさまざまですが，組織構造から生じる要因と外部環境から生じる要因に分けて理解していきます。

☞さらに，慣性状態にある組織を変革するための留意点に注目します。第13章の095で若干ふれましたが，慣性状態にある組織では慣性そのものを感じることが困難ですから，まず変革の必要性を認識することから始める必要があります。この段階を経て，変革案の創造という作業に移ることになります。

☞さらに，組織が長期適合するためには学習というポイントが最重要となります。組織学習の定義を理解した上で，学習する上でのさまざまな阻害要因を知っておくことが重要です。

097 慣性 ―組織の慣性について1

Key Words 有効性，効率性，同質性，同調性，逸脱性

人が思考を節約するためにルーティンやレパートリーを利用するように，組織には，変化を望まず現状を維持しようとする慣性が働くことが経験的に知られています。

この慣性がどのようにして生じるのかを，組織の**有効性**と**効率性**の観点から考えてみましょう。一般に，組織は有効性と効率性の双方を兼ね備える必要があると言われています。非常に効率的なビジネス展開ができている企業でも，環境に悪影響を及ぼしているならば，社会に対して有効性に欠ける企業になってしまいます。一方，社会にとって有効なNPOを立ち上げたものの，専門知識もなく事務処理もドタバタしているなら，効率性の悪い組織と言わざるを得ません。ただし現実の社会では，組織は利益に直結しやすい効率性をより優先することが多いようです。

組織を効率化するためには，組織内のコミュニケーションを円滑化する必要があります。極論すると，阿吽の呼吸が働くような組織が理想的です。そこで，組織は**同質性**を追求するようになります。

企業の採用担当者や社長が，求人に応募してきた人に対して「我が社に相応しい人物だから採用しよう」と判断する場合が多いでしょう。人を大きく2つのタイプに分類すると，**同調性**を示す人と**逸脱性**を示す人に分けることができます。すなわち人の採用の場合には，逸脱性を示す人よりも同調性を示す人のほうが一般に採用される確率が高いのです。組織に新しく参加した人は同調性をもっていますから，先輩や上司の言動を見て真似ることになります。特に，直属の上司は自分に対する人事権をもっているのが普通ですから，上司に嫌われないようにするには，上司の言動を模倣した行動を自分も行うことが最も効果的な対処法となります。こうして，組織は自組織の再生産を長期にわたって継続することになるのです。

一方で，環境変化が急激で不確実性が高かったり，当初の予測と異なる環境

097 慣性を生む連鎖

- 効率性を追求する組織は，同質性を求める
- 同調性をもつ人々を集めて，同質性を高める
- 同質性の高い組織は，環境感度が鈍くなる
- 感度が鈍いので，前例に従う
- 前例遵守が，慣性の一要因となる

になったりすると，組織の意思決定は単純化のプロセスをとることや，過去に採用したことのある対処法を流用することで，その場をしのごうとすることが知られています。将来がどうなるか分からないのなら，時間とコストをかけて厳密な検討をするより，単純化プロセスや前例を踏襲することで対処したほうが効率的だからです。

環境変化が緩慢な時代を経過して時間をかけて同質化した組織は，長期間存続できていることそのものが成功の証しですから，過去の活動が正しいものだと確信しています。そのため，環境の変化を適宜適切に観察した上で認識して，変化への最適な対応を決定するのではなく，前例を踏襲することが彼らの行動の基本パターンとなります。

このような組織は，環境が大きく変化してもその行動を変化させることができません。なぜなら，環境を観察する習慣を失っていますから，大きな変化の意味を認識することそのものができません。また，同質化した組織では多様な考え方や意見が出てきませんから，ますます単純化された行動や前例に依存することになるからです。これが，組織の慣性と呼ばれる状態なのです。

098 組織側の要因 ―組織の慣性について２

Key Words 投資，情報入手，政治，規範

この項と次項では，米国の社会学者であるハナンとフリーマンの議論に沿って，組織の慣性を生み出す組織の構造要因と環境要因の２つに分類された内容について理解していきましょう。

以下が，組織に慣性を生む構造に関する４つの要因です。

◆過去の**投資**

過去の投資によって獲得した資産が簡単には転用できないとか，当該の投資を埋没費用にしたくないと考えた場合，組織に慣性が生じることになります。たとえば，製鉄会社の高炉がそのような典型的な資産と言えるでしょう。高炉は鉄を生産することのみに特化した資産で，転用がまったくできません。そこで，自社の生産する鉄に競争力がなくなった場合でも，生産を継続するという慣性が生じることがあります。製造を中止すると，高炉への過去の投資が埋没費用になることから，製鉄会社は操業を継続する決定をしてしまいがちなのです。

◆**情報入手**上の制約

意思決定者に正確な情報が上がって来ない組織では，大きな環境変化の際にも正確な情報が意思決定者に届かず，組織の行動を変化させることができずに慣性が生じます。上司に人事権を握られている組織の下位層は，上司に気に入られるようにと思い，悪い情報を極力報告しないという傾向が生じます。重層的な階層構造をもつ大きな組織では，こうした悪い情報の排除が何層にも行われることになります。その結果，偏向した良い情報だけが経営の意思決定者に報告されて，その意思決定が大きく変化することのない慣性状態が生じるのです。

◆内部の**政治**的制約

組織の現場では，日常業務を効率的に実行するためにルーティンやレパー

098 組織の構造要因

▶過去の投資	⇒	投資の成果を失いたくない
▶情報入手上の制約	⇒	偏向した情報の中にいる
▶内部の政治的制約	⇒	下位単位が変化に抵抗する
▶規範などによる制約	⇒	頑なになる

トリーを多用することはすでに学びました。こうした日常行動を長期間継続した現場は，経営の意思決定者が環境変化を理由として行動の変化を求めても，なかなか行動に移ろうとしません。思考を節約する人間にとって，変化は自分に心理的・肉体的に大きな負担をかけるものですから，現状維持を図ろうとしてさまざまな駆け引きなどの政治的行動に出ます。このような抵抗が組織の慣性を生じさせる場合があります。

◆**規範**などによる制約

古い歴史や伝統をもつ組織では，「創業以来我が社はこうであったから，今後もこうあるべきだ」というような規範を頑なに守っている場合があります。大きな環境変化があったために，創業以来の事業領域を捨ててドメインの変更まで求められるような事態になっても，このような組織では従来からの規範を守るために行動を変化させないという慣性が生まれます。家電品がアナログ製品であった時代に世界の市場を席巻した日本の家電メーカーは，その製品の作り込みと品質を向上させるという規範に縛られました。この結果，家電品のデジタル化が進行する過程で競争力を失っていったのです。

099 環境側の要因 —組織の慣性について3

Key Words 障壁，可能性，正統性，合理性

組織に慣性を生じさせる環境側の要因として，ハナンとフリーマンは次の４つの要因を挙げています。

◆法的・財政上の**障壁**

市場参入する際の法規制が厳しい産業の場合には，いったん市場に参入した企業の行動に慣性が生じることが多いと言えます。このような市場では一般的に激しい競争がないことと，市場外での大きな環境の変化があっても，それによる悪影響を法律が障壁となって守ってくれることが多いために，その行動を変化させる必要がないからです。また，本来は市場から撤退すべき状況でも，退出のための財政的な裏付けがないために，撤退できないことが多いものです。日本での原子力行政は原発を安全なものという位置付けにしてきました。このため電力会社は予想される緊急事態の想定とその対策の検討を怠るという慣性状態にあったわけです。

◆情報入手の**可能性**の制約

組織内部のフィルターによって偏向した情報が意思決定者に慣性を生じさせるように，外部環境情報を入手する際に制約があると，同じように組織に慣性が生じます。産業材メーカーでは，その製品の最終消費者との接点がありませんので，最終消費者のニーズが取り難いものです。また，消費財メーカーであっても，卸売機能をもたない場合には小売店からの情報が入手できずに市場実態が把握できません。このように最終消費者のニーズが得られないために，企業行動に慣性が生じる場合があります。

◆外部から要求される**正統性**

いったん成功を経験した組織は，顧客や利害関係者から好評価を獲得することになります。このような組織は，その行動の多くを外部の関係者から注目されますから，常にその期待感を裏切らないような行動が求められる

099 環境要因

▶法的・財政上の障壁	⇒	法律・予算が守る
▶情報入手の可能性の制約	⇒	正確な情報がとれない
▶要求される正統性	⇒	外部の期待に応えたい
▶自組織だけの合理性	⇒	外部環境からずれる

ことになります。環境が安定的な場合には特に問題はありませんが，大きな環境変化があった場合に，問題が生じることになります。外部からは，当該組織はこうあるべきだ，という正統性を要求されますから，その行動に自由がなくなり，慣性状態が生まれることによって環境適合に失敗する場合があります。

◆自組織だけの**合理性**

同質化した組織に典型的に現れるのが自組織だけの合理性と呼ばれるものです。多様性のある組織は，常に外部環境を観察しながら環境適合に注力しますから，自組織の合理性はそのまま外部環境での合理性に直結します。しかしながら，同質化した組織では自分たちだけが了解できる論理や合理性が長い時間をかけて形成されますから，徐々に外部環境の合理性との乖離が生じてきます。すなわち，大きな環境変化があった場合でも，その変化を合理的に理解するのではなく，自組織の合理性すなわち自分勝手な解釈をすることで対処することになります。このような対応は，環境への適合を生みませんから，ますます自組織の合理性を強固にして慣性状態を継続させるのです。

100 変革の必要性 —組織を戦略的に変革する1

Key Words 余裕（スラック）資源，生（現場）の情報

効率性を追求する組織の中で，構成員たちは同質化傾向を強めて，環境を理解する能力を低下させていきます。この本ですでに学んだことを利用して，別の理解をしてみましょう。同質的な組織がもつ特異な文化が構成員に対する規範となって，同調性をさらに強化することになります。こうなると，環境変化に対応するために逸脱的な行為が必要な場面でも，こうした逸脱行為を自制する傾向が強くなるでしょう。さらに付け加えるならば，環境の激変によって組織がいったんはその行動を変化させたとしても，ルーティンとレパートリーに慣れた人たちの変化への対応行動は，後追いのゆっくりとしたものになりがちです。すなわち，ハナンとフリーマンが主張した組織構造や環境以外の要因によっても，組織は自ずと慣性へと誘導されると言っても過言ではありません。

慣性にどっぷりと漬かって変化を求めない組織を変えていくには，辺境から現れる変革者を待つのが一番です。ただし，組織が救いようのない慣性状態になることを防ぐポイントはあります。

決定的な手法として「こうすれば必ず成功する」といったものがあればよいのですが，ここでは慣性から逃れて抜本的な変革が可能になるための必要条件について議論していきましょう。

辺境から来た変革者は中枢のパラダイムの外にいたことから変革の必要性に気付きました。同じように慣性状態になろうとする組織の経営者も変革の必要性に気付けばよいのです。そのためには，①**余裕（スラック）資源**をもつこと，②**生（現場）の情報**に接することが必要になります。

◆余裕（スラック）資源

組織は効率性を追求しますから，余裕資源すなわち遊休の資源が生まれないように努力します。長年固定的な人たちで構成された組織は，コミュニケーションが円滑に行われて，もっている力すべてが仕事に利用されて余

100 変革の必要性の認識

- 組織構成員は，同質化・文化・ルーティン・レパートリーなどによって制約されている
- ゆえに，環境の激変に対する認知能力が低い
- 変革を認識するためには……
  - ① 余裕（スラック）資源をもつこと
  - ② 生（現場）の情報に接すること
    「現場で，現物を見て，現実を知る」

裕資源が存在しません。こうした組織に新人が１人参加すると，当面のあいだ彼は一人前の仕事ができませんから，余裕資源となって効率を低下させることになります。ただし，この新人が外部から新鮮な情報と行動パターンを持ち込むことによって，組織が慣性傾向に陥る危険性を抑制することになります。それゆえに，組織は時として非効率で不確実な冒険をすることによって，新しい余裕資源を獲得する必要があるのです。

◆生（現場）の情報

経営者には偏向した情報が上がりがちですから，こうした弊害を排除するために，トップは常に生（現場）の情報に接することが必要でしょう。程度の差はあるでしょうが，トップが毎日のように現場を歩いている組織と社長室に閉じこもっている組織とでは，行動変化のスピードが異なってくることが予測できます。ルーティンとレパートリーに頼りがちな現場でも，トップとの何気ない会話に触発されて，行動変化を起こす可能性が生まれます。一方，トップには現場の生の情報が入りますから，自ずと意思決定を早く行うことができるからです。

101 変革案の創造 —組織を戦略的に変革する2

Key Words 自律性，face to face，冗長性，必要最少多様性

従来からの組織の問題点が顕在化して変革の必要性が認識されると，次のステップとして変革案を創ることになります。変革案そのものは個別組織によってそれぞれに異なりますから，ここでは変革案の創造プロセスに必要な条件を学んでいきましょう。

◆自律的な組織

生（現場）の情報からは，その解釈方法によってさまざまな意味が引き出せます。こういう見方ができる，ああいう考え方もある，というように生の情報を解釈するためには，さまざまな専門領域やバックグラウンドをもつ人々がいたほうが好ましいでしょう。すなわち，変革案を創造するための組織は，自由に考えて行動できるという意味で**自律性**をもつ必要があるでしょう。この場合の自律性とは，目的，手段，基準などを自ら決定できることを意味しており，既存の組織構造や文化あるいは管理システムなどにとらわれない自由さをもっていることです。1999年に日産自動車の実質トップとなったカルロス・ゴーンは，日産の改革案創りのためにさまざまな部署から多様な中堅社員たちを選び出してクロス・ファンクショナル・チームを編成しました。これは，従来の日産の組織構造や意思決定システムとは独立した自律性をもつチームだったのです。ただし，トップを20年続けたゴーンがどのような行動をとったかは，読者の皆さんの知るとおりです。

◆コミュニケーション

変革の過程では，従来から使われていた言葉ではなく，新しく定義しなおした言葉でコミュニケーションする必要があります。言葉はその組織の文化そのものを象徴する道具です。それゆえに，組織文化を変革するためには新しい言葉が必要になります。ただし，新しい言葉はまだ使い慣れてい

101 変革案創造の必要条件

▶自律性：
従来の組織構造と文化からの脱却

▶コミュニケーション：
face to face で誤解を最小限に

▶冗長性：
知識と経験の共有による相互理解

▶必要最少多様性：
複雑な環境への対抗手段

ませんから，多分に誤用が生じることになります。メールや電話でのコミュニケーションでは，ついついこの誤用を放置したまま互いに了解し合ったような錯覚に陥りがちです。こうした誤用や誤解を避けるために，**face to face**（対面）でのコミュニケーションを意図して多用することが必要なのです。

◆冗長性と必要最少多様性

冗長性とは，ムダのように見える重なり合いという意味です。効率性を追求する組織では冗長性は避けるべきでしょうが，変革案を作成するプロセスでは，互いの言葉を十分に理解し合う必要があります。それゆえに，あえて知識や経験の重なり合いの部分を尊重して，構成員の互いの理解を密にする必要があります。さらに，自律性を確保するために必要最少多様性も重要な概念になります。これは，環境が複雑になれば，その複雑さと同程度の複雑性を組織側ももたなければ，環境理解とその対応ができないという法則です。環境変化の激しい産業で活動する組織は，その変化に対応できるだけの多様性を組織内にもたなければ，変化の意味そのものを理解できなくなります。

102 組織学習 ―組織学習の促進 1

Key Words 分業，知識，有機的連関，認知枠組み，共有

多くの組織学習の研究者が，組織学習とは組織構成員の個人レベルの学習の単なる総和ではない，とは認めています。しかしながら，これが組織学習だと多くの人々が認めている定義も存在しません。そこで，消去法にはなりますが図のように，組織内で行われるすべての学習のうち，個人によって行われる学習の総和を除いた部分を組織学習である，として議論を始めましょう。

現実の組織内では多くの人々が個人学習をしています。経理・会計の通信教育を受ける人もいるでしょうし，夜間の MBA コースの大学院に通う人もいます。そのような人々が何かをすることで組織学習が形成されるわけです。そこで，ここでは組織学習を次のように定義したいと考えます。

> 組織学習とは，組織内の**分業**によって構成員が獲得した**知識**が**有機的連関**をもつプロセス，あるいは構成員がもつ**認知的枠組み**が**共有**されるプロセス。

組織学習においても学習という行為の当事者は個人です。個人は組織に所属することで分業体制に組み込まれます。このような組織内で日々業務を行う個人は，必要に応じて事例に挙げたような個人学習をすることになります。ここで注意しなくてはならないことは，業務に貢献しない他の学習です。趣味の世界でも学ぶことや覚えることがありますから，これらの学習は組織学習の要素からは除いておきましょう。

多くの人々が業務に即して個人学習をしますから，結果として学習も分業されることになります。このような分業による学習で獲得できた知識が個人学習の成果です。そして，この成果が互いに有機的に連関することが，組織学習の定義の第 1 要素となります。なお，有機的に連関するとは，明確に分離できないような形で知識がつながっている様子を示しています。

102 組織学習の位置付け

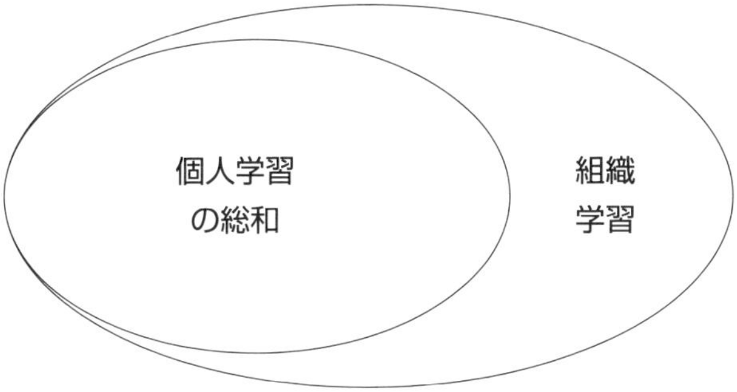

外側の楕円は組織で行われるすべての学習

認知枠組みというのは，第13章の096で学習したパラダイムとほぼ同義語と考えてよいでしょう。一般的に異なった認知枠組みをもった人どうしでは，コミュニケーションが成立しません。その典型例が天動説論者と地動説論者の違いに現れます。天動説論者は，地球を中心にすべての天体が回転運動をしている前提で議論を展開しますから，たった１つの天体の動きについても地動説を信じる人との議論がまったくかみ合わないでしょう。

組織内でも似たようなことが起こります。一般論として同質化傾向をもつ組織であっても，各構成員がもっている認知枠組みは異なっているものです。自発的に創意工夫をしながら仕事を進めたい人，上司からの明快な指示があって初めて仕事に取りかかれる人，生活のためだからとイヤイヤながら仕事に来る人，さまざまでしょう。このような組織構成員の認知枠組みが相互に大きく隔たっているならば，コミュニケーションが取りづらく，活動の効率も上がらないことが容易に想像できます。

それゆえに組織学習の定義の第２の要素として，認知枠組みの共有のプロセスがあるのです。

103 知識の有機的連関 ―組織学習の促進 2

Key Words 物理的・空間的・技術的制約，コンフリクト

組織の構成員の知識が有機的に連関しているならば，意思決定に至るコミュニケーション上の問題は少ないと言えるでしょう。しかし現実の組織ではこうした組織学習がうまくいかない場面が数多く存在します。

組織の意思決定には多くの関係者がいますから，さまざまなステップが必要となります。巨大なグローバル企業ならば，オフィスが世界中に広がっていますから，IT 技術を使ったコミュニケーションを試みる必要があるでしょう。また，関係者が合意に至るまでの政治的な駆け引きや根回しも必要でしょう。そして，誤解を正して意見の対立の調整を行う必要があります。すなわち，意思決定に象徴される知識の有機的連関について，それを阻害する以下のような要因をあらかじめ理解しておけば，組織学習がより促進できることになります。

◆組織の**物理的・空間的・技術的制約**

オフィスの中央に壁が 1 枚あるだけ，デスクから立ち上がってもコミュニケーションしたい相手の顔が見えないために，直接の会話ではなく電話で済ますということがあります。ましてや，オフィスが互いに遠く離れていると，顔の見えるオンライン会議を行ったとしても，十分なコミュニケーションができたという満足感は得られないものです。さらに，ごく近くにいても直接コミュニケーションするのではなく，メールやチャットで連絡するなどということも多くなりました。こうした些細な制約によって知識の有機的連関が大きく阻害されます。

◆組織内の**コンフリクト**

組織内のベクトルが常に一方向に向いているなら問題はありません。しかし，組織の下位単位どうしには資源配分をめぐる利害の対立が存在していますから，コンフリクトが生まれます。特に，組織の業績が不振になると，不振の原因を自組織に求めずに，対立する他の組織に求める傾向が強まり

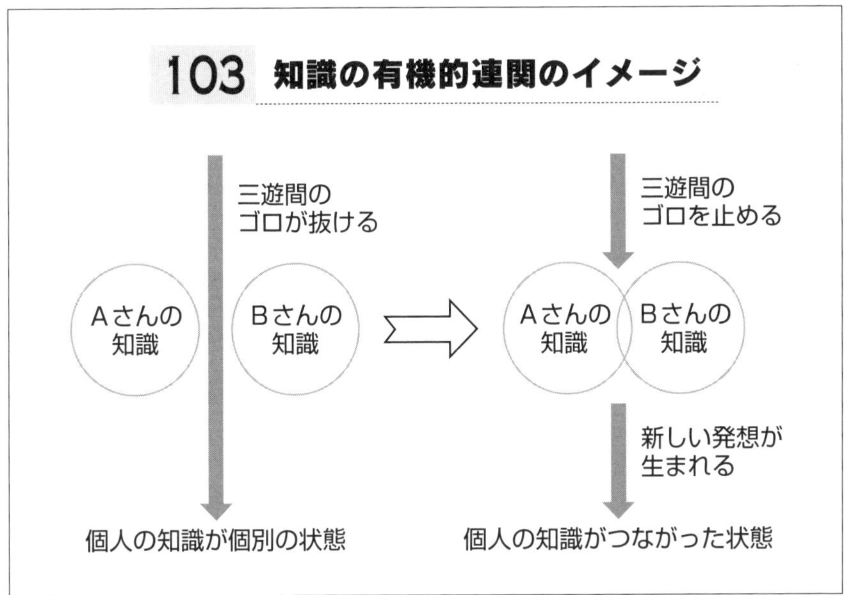

ますから，こうしたコンフリクトによって学習がより阻害されます。一方で，効率化を追求するあまり組織内の分業が過度に専門化されると，それぞれの下位単位が情報を独占するという現象も起きてきます。そこで，意図的な知識の有機的連関が必要となるのです。

専門化が進んだために，図の左側のようにAさんとBさんの知識が有機的に連関されていない場合を考えてみましょう。A・Bそれぞれの専門外の事案が発生した場合，A・B双方が自分の担当すべき事案ではないと判断することから，この事案は放置されることになります。

一方，組織学習が進んで知識が有機的に連関されていると，図の右側のようにAさんは自分の専門外の事案に対して，自分の専門でもないしBさんの専門でもない，ということが理解できます。そこで，いったんは自分が受け止めて，あとで誰が担当すべきかを決定すればよい，という柔軟な対応ができるようになります。この場合，Bさんも同じ発想をして行動するでしょうから，この事案を誰が本来担当すべきかもすぐに合意できるようになるのです。

104 認知枠組みの共有化 —組織学習の促進3

Key Words 明示的，一体感，勢い，不均衡，論理的思考

組織が時間をかけて自組織の再生産をする，ということをすでに学びました。ただし，効率的で有効な組織になるためには，意図した組織学習が必要となります。ここでは，組織学習の第2の要素である認知枠組みの共有化について学んでいきます。

創業したばかりの小さな組織は，創業者の理念に共感して集まった人々で構成されていますから，各人のもつ認知枠組みの違いはそれほど大きくはないと考えてよいでしょう。ただし，このような組織も時間の経過とともに成長して，認知枠組みの異なった人々がたくさん参加するようになります。それが図の左側のようなイメージです。

個人の認知枠組みを大きな○で表示してあります。各自の認知枠組みが重なっている部分が認知枠組みの共有された部分としておきましょう。ここでは共有されている部分が小さく，さらに認知枠組みが外に広がる傾向を示してバラバラな状態です。これでは時間の経過とともに，共有部分がますます小さくなっていきます。認知枠組みがまったく共有されていない場合にはコミュニケーションが成立しませんから，左側の状態ではコミュニケーションは成立しているものの，その効率は非常に悪いと言えます。分業で隣接する人どうしでは非効率ながらコミュニケーションが成立していますが，仕事上関係のない人とは認知枠組みの共有部分がまったくありません。認知枠組みが異なっていると使用する言葉も異なっていきます。

このような組織では，経営者が戦略展開してもその意図が現場になかなか理解されないだろうことが容易に想像できるでしょう。それぞれの下位組織の内部では非効率ながらコミュニケーションが成立して，ベクトルを合わせることができます。しかし，下位組織ごとに使用する言葉が異なりますから，下位組織どうしの協働がうまく機能しません。また，トップからの戦略指示を正確に解釈できないという事態にも陥りがちです。

104 認知枠組みの共有化のイメージ

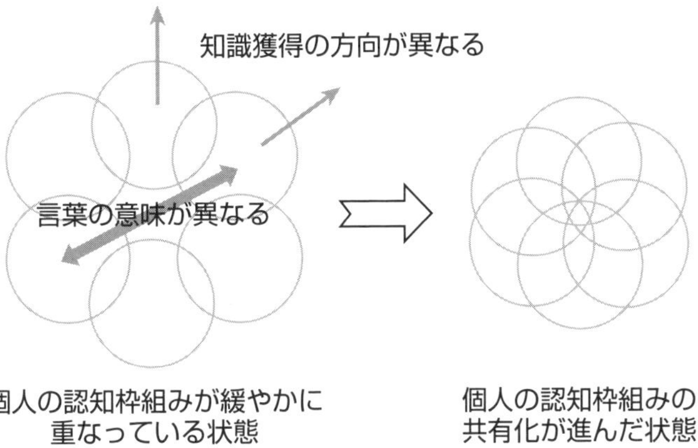

そこで，認知枠組みの共有化を促進して，図の右側のような認知枠組みの結束を固めることが必要になります。組織内でこれを促進する個別の手法はさまざまあるのですが，ここでは前章の人の心理への適合戦略を簡単に振り返っておきましょう。

認知枠組みが拡散している現場に対しては，**明示的**な戦略展開が必要になります。明示的な戦略が**一体感**を生みますが，これが認知枠組みの外部への拡散を防止することになります。また**勢い**をつくると，枠組みが自ずと広がりますから共有部分も増加します。**不均衡**な戦略展開が行われると，緊張感によって認知枠組みは中心に向かって収斂しようとします。こうして，認知枠組みの共有化が促進されて結束が固まることになるのです。

組織学習の進んだ組織では，個人学習の成果がうまく共有化されることになりますから，組織全体が**論理的思考**を大切にする文化を創り出します。このような組織では，徹底した議論を尽くして論理的結論を求めようとしますから，時として失敗があっても，その失敗から学ぶ姿勢を失いません。このような組織こそが，環境に対して長期適合できるのです。

第14章 ポイント

① 効率を求める組織の同質性と同調性が，前例遵守の慣性を生む

② 変革を認識するには，余裕（スラック）資源と生の情報が必要となる

③ 組織には，知識の有機的連関と認知枠組みの共有化が必要

参考文献

Aronson, Elliot (1999), *The Social Animal, (8th ed.)*. New York, NY : Worth Publishers.

Ashby, W. Ross (1956), *An Introduction to Cybernetics*. London : Chapman & Hall LTD.

Hannan, Michael T. and John Freeman (1984), "Structural Inertia and Organizational Change," *American Sociological Review*. Vol. 49, No. 2, pp.149-164.

桑田耕太郎・田尾雅夫（1998）『組織論』有斐閣アルマ。

March, James G. (1991), "Exploration and Exploitation in Organizational Learning," *Organizartion Science*. Vol. 2, No. 1, pp.71-87.

第15章

非営利組織の経営戦略

☞2015年の国連サミットで採択されたSDGs（Sustainable Development Goals）に沿った活動をする企業や団体が多くなってきました。また，ESG（Environment, Social and Governance）経営を目指す企業も増えてきたようです。こうしたことから，一般企業とソーシャル・ビジネスとの垣根も低くなりつつあるようです。

☞ただし，ソーシャル・ビジネスの領域は，経営戦略の観点から議論されることがほとんどありません。しかしながら，持続可能な非営利事業を運営するためには，この領域であってもビジネス手法とそれに応じた戦略が必要になるのは言うまでもありません。

☞この章ではソーシャル・ビジネスの概要を，社会の中でのイノベーションという視点，イノベーションの当事者としてのアントレプレナー，アントレプレナーの活動母体となるエンタープライズ（活動組織）の順に解説していきます。

☞さらに，ソーシャル・ビジネスの具体例とソーシャル・アントレプレナーの哲学から導き出されるソーシャル・ビジネスの定義を示します。

105 ソーシャル・イノベーション
―ソーシャル・ビジネスについて1

Key Words NPO，事業活動，変化，生活者，ビジネスモデル

東日本大震災以降，ボランティアによる救援活動や**NPO**によるさまざまな貢献活動がマスコミで報道されました。こうした緊急事態の中で人々は，直面している問題や課題をそれぞれ自分なりの方法で解決しようと努力してきました。一方，平和な日常社会の中でも世の中が抱える問題や課題を解決したいと考える人々がいて，社会を変えることすなわちソーシャル・イノベーションを起こそうと努力しています。

一例として，特定非営利活動法人（NPO）フローレンスの事業を紹介しましょう。フローレンスは，軽い病気のこどもを安心して預けられる場所が日本には非常に少ないという「病児保育問題」を解決する目的で設立されました。その事業の仕組みは，働きたいと考えている育児経験者とその居宅，そして病児を抱えた働く母親をマッチングさせて，さらに地域の小児科医の支援を仰ぐというものです。この仕組みでは特定の保育施設が不要ですから，施設確保にかかる固定費が大幅に削減されて，比較的安い費用で安心して病児を預けることができます。本来なら行政や企業が発想してもよいサービスをNPOが事業として実現したのです。なお，現在（2022年）のフローレンスは，待機児童や障がい児保育の問題などにも取り組んでいます。

フローレンスのように**事業活動**によって社会に存在する問題・課題を解決するという点に着目すると，一般の営利企業も消費者のニーズ（Needs）やシーズ（Seeds）に応じた製品やサービスを提供することによって，社会に存在する問題や課題を解決しているとも考えられます。しかし，少し違和感があるでしょうから，ソーシャル・イノベーションを以下のように定義するのがよいと考えます。

ソーシャル・イノベーションとは，個人や組織によってもたらされた何らかの**変化**であり，その取り組みが**生活者**を巻き込む広がりをもつ変化です。

105 ソーシャル・イノベーション

▶世の中の現状に「問いを立てて」「答えを模索する」

適切な問題・課題を選択

組織のビジネスモデルの変革・模倣・創造によって
多くの生活者に賛同される解決策を出す

社会の変革が起きる

この定義では，収益モデルやビジネス・システムで構成される企業の**ビジネスモデル**の革新だけでは，ソーシャル・イノベーションとは認められないことが分かります。ただし，組織のもつビジネスモデルを変革したり，あるいは他の地域に存在するビジネスモデルを模倣し，さらにはまったく新しいビジネスモデルを創造するようなことは必要条件と言えるでしょう。その上で，私たち生活者がそれまでとらわれていた常識や価値観，生活感情などを大きく変える結果をもたらすような変革がソーシャル・イノベーションなのです。

私たちの日常には正解のない複合的な問題・課題が山積しています。こうした世の中の現状に対して，「どのような問いを立てて」「どのように答えを出すか」ということに挑戦しなくてはなりません。ただし，こうした日常の複合性・多様性のために，世の中の問題・課題はこれだ，というように特定することが非常に難しいと思われます。そして，仮に問題・課題が特定できたとしても，その解決策が簡単には出てきません。それゆえに，多くの生活者の賛同を得て，彼らを巻き込むことのできる革新が，ソーシャル・ビジネスの核心部分となるのです。

106 ソーシャル・アントレプレナー
—ソーシャル・ビジネスについて2

Key Words 社会的企業家，持続的，社会性，事業性，新規性

ソーシャル・イノベーションを起こす際に，中心的な役割を果たすのがソーシャル・アントレプレナーです。ソーシャル・アントレプレナーの日本語訳としては「社会的起業家」と「**社会的企業家**」という２種類の表記方法があります。ただし，ここでは事業活動を継続的に実行する人という意味で「社会的企業家」の表記を使用することにしましょう。

日本の研究者である土肥将敦の考え方をもとにすると，ソーシャル・アントレプレナーの定義は以下のようになります。

> 解決が求められている社会的問題・課題に取り組む人々のことで，その手法は，従来からのビジネスの枠組みの中で新しい仕組みを導入したり，あるいはまったく新しいビジネスモデルを提案することで，事業を**持続的**に運営します。

オーストリアの経済学者であったシュムペーターは，企業家が「新しい結合」を実現することによって経済が発展すると指摘しました。そして，彼の著作が1920年代のものだったことから，「新しい結合」の成果として例示されたのは鉄道でした。19世紀に発明された蒸気機関を動力とする鉄道は，産業革命時に紡績工場で利用されていた蒸気機関，石炭の採掘現場で利用されていたトロッコ用の鉄路，そして馬車のキャビンというそれぞれは特に関係のない各要素が企業家によって組み合わされたイノベーションの成果そのものでした。

ソーシャル・アントレプレナーの活動も，このような新しい結合によってイノベーションを起こすプロセスと大差はありません。一見関係のなさそうな各要素間に何らかの関連性を発見する能力が重要となります。そこで，その能力とはどのようなものなのか，以下に見ていきましょう。

106 必要とされる能力

▶社会性：
社会に受け入れられることで，経営資源が集まる

▶事業性：
持続的に活動を継続するために，事業性が必要

▶新規性：
新たな問題・課題を解決するには，新規性が必要

- ◆社会的なミッションを掲げ，社会的な問題・課題そのものを社会全体に認識させて，新しい常識や価値観を創出していく能力
- ◆社会的なミッションを，事業として持続的に成り立たせる能力
- ◆手持ちの資源や現状の枠組みに制約されずに，リスクを負って新しいことに挑戦する能力

以上の能力は，「**社会性**」「**事業性**」「**新規性**」という３つの言葉で表現することができるでしょう。

掲げたミッションに社会性があることで正当性が生まれて，利害関係者や一般社会からの経営資源が入手しやすくなります。また，専門性を確保した上で，持続的に活動を継続するために，一般企業のような事業性が重要になります。こうした事業には２種類あって，別の事業で経営資源を確保しそれを原資として社会的問題・課題を解決するものと，当該事業そのものによって収入を確保して，問題・課題を解決する方法です。最後に，社会にある各要素間に新しい関連性を発見して事業を創造するという点で，新規性を導き出す能力が必要とされるのです。

107 ソーシャル・エンタープライズ
—ソーシャル・ビジネスについて 3

Key Words 社会貢献活動，商業主義，FPO，CSR 活動

日本では2000年以降になってソーシャル・アントレプレナーやソーシャル・エンタープライズという言葉が普及し始めました。ソーシャル・エンタープライズとは，簡単に言うならばソーシャル・アントレプレナーが運営する事業の母体となる組織のことです。ただし，その形態にはさまざまなものがありますので，以下に詳しく見ることにしましょう。

起業家を研究対象としている米国のグレゴリー・ディーズは，ソーシャル・エンタープライズが純粋な**社会貢献活動**（純粋非営利と言えるでしょう）と純粋な**商業主義**（純粋営利）の間のどこかに位置付けられると考えました。そして，これらの組織体を成立させる各要件についての属性を図のように列挙しました。こうした考察結果を考慮しながら，ソーシャル・エンタープライズを定義すると以下のようになるでしょう。

> **社会的な問題・課題の解決をミッションとして，企業家精神とビジネス手法を活用して持続的な活動を行う組織の総称です。組織形態は，純粋非営利組織から純粋営利組織までの間のさまざまな形態をとります。**

この定義のように，ソーシャル・エンタープライズの基本形態はNot-for-Profit Organization（いわゆるNPO）形態とFor-Profit Organization（**FPO**）形態に分けることができます。NPO形態で代表的なものが事業型NPOで，日本では特定非営利活動法人になります。また社会福祉法人などもこの形態の範疇に入ります。一方，FPO形態で運営されるソーシャル・エンタープライズを社会志向型企業と呼ぶことができます。さらに，一般営利企業による社会的課題への取り組み（**CSR 活動**）も広義のソーシャル・エンタープライズ活動に含めることが可能でしょう。

なお，NPOとFPOの中間に位置する組織として，医療法人や協同組合のよ

107 ソーシャル・エンタープライズの属性

純粋社会貢献 ←→ 純粋商業主義

動機		慈善	慈善と自己利益の混合	自己の利益追求
方法		ミッション	ミッションと市場原理の混合	市場原理
目標		社会的価値	社会的価値と経済的価値の混合	経済的価値
主要な利害関係者	受益者	支払無し	市場価格より安い　あるいは 市場価格と無料との混在	市場価格
	資本	寄付と助成金	市場レートより安い調達　あるいは 寄付と市場調達の混在	市場からの調達
	労働力	ボランティア	市場相場より安い賃金　あるいは ボランティアと市場賃金の混在	市場相場の賃金
	供給者	現物による寄付	特別割引価格　あるいは 現物寄付と市場価格請求の混在	市場価格を請求

うな中間法人といった形態も存在します。

すなわち，完全に慈善型のNPOはソーシャル・エンタープライズの範疇から除外されるのですが，そうした組織が一部でも事業形態を採用しているならばソーシャル・エンタープライズとみなされることになります。また同様に，完全な営利追求型のFPOはソーシャル・エンタープライズの範疇から除外されますが，CSRに代表されるような社会的事業を行っているならば，ソーシャル・エンタープライズと呼べるのです。

一般企業（FPO）のCSR活動の典型例が，cause related marketingと呼ばれるものでしょう。2020年末で日本から撤退したミネラルウォーターのボルヴィック社は，「1L for 10L」プログラムの活動で，同社製品が1リッター売れるごとにアフリカに10リッターの飲み水の援助をしていました。また，王子ネピアの「千のトイレプロジェクト」では，2021年末まで毎年一定のキャンペーン期間を設けて期間中のティッシュとトイレットロールの売上の一部をユニセフの「水と衛生に関する支援活動」に寄付しています。このように，販売額の一部を社会的な活動に使用するのがcause related marketingなのです。

108 ソーシャル・ビジネスの具体例
—経営の目的１

Key Words　プロボノ支援，ビジネス手法

ソーシャル・ビジネスを持続的に運営するためには，採算性までを十分に視野に入れながら活動することが必要です。これが，ボランティア活動や慈善活動が無償や奉仕という行為が前提となっていることとの違いです。一方，営利企業が利益の最大化を主目的とするのに対して，ソーシャル・ビジネスは社会的問題・課題を解決することを優先するという点で異なっています。すなわち，活動の主体やプロセスではなく，活動の成果として社会的問題・課題が解決されることが重要なポイントとなるのです。

こうした観点からは，「これもソーシャル・ビジネスなんだ」と思えるような具体例を紹介していきましょう。

- ◆コンサルティング会社のA.T. カーニー社は，東日本大震災による原発事故によって被害を受けた福島県の一部地域に対する産業振興と雇用創造策を，**プロボノ支援**として行いました。プロボノ支援とはラテン語の pro bono publico の略で「公共善のために」という意味から，公益のために専門知識を無報酬で提供する活動のことです。経営の専門知識を保有する同社がそのノウハウを提供することで，当該地域での営利企業や NPO 法人などによる産業集積を行い，このことによって雇用を創造することを目的としました。大災害という緊急事態に対応して，営利企業がソーシャル・エンタープライズとしての機能を発揮することになった事例です。
- ◆株式会社スワンは，障がい者の雇用と福祉を目的としてスワンベーカリー・チェーン店の事業を展開している営利企業です。一般的なベーカリーは，店内作業が複雑で障がい者による作業が無理な部分が多いのですが，同社では冷凍パン生地を採用することで作業を簡素化しています。一般的な障がい者の月収が１万円以下という現実の中で，株式会社スワンでは障がい者に対して月収10万円以上を実現しているのです。

108 さまざまな成果

▶知識ノウハウの共有：
プロボノ支援で産業振興と雇用創造

▶障がい者雇用：
障がい者の所得拡大

▶医療・介護の充実：
ビジネス手法を採用して，規模拡大

▶自然資源の有効活用：
地元資源の有効活用と生活コスト削減

◆東京の銀座菊池病院の経営からスタートして規模を拡大してきた医療法人の湖山医療福祉グループは，代表の湖山康成氏の卓越した**ビジネス手法**によってその規模を拡大させてきました。同グループは病院経営を基盤としながらも，介護老人保健施設を医療法人財団や社団として多数立ち上げ，さらに活動実態に即して社会福祉法人，株式会社，NPO 法人などによって事業展開を行っています。2022年３月現在，全国に32法人，職員数は11,000人を超えています。

◆北海道の足寄町にあるとかちペレット協同組合は，豊富な森林資源をエネルギー源として活かすために，木質ペレットを製造・販売しています。丸太，樹皮，枝葉などを細かく粉砕し，それを圧縮して小さな棒状に整形したものが木質ペレットで，一酸化炭素をほとんど出さない燃焼効率のよい燃料となります。このペレットを遠隔地に輸送するとエネルギー消費につながることから，地元での消費を主目的としています。協同組合でのソーシャル・ビジネスの事例は珍しいものですが，資源の有効活用と雇用創造という目的を達成しているのです。

109 目的の厳格な定義 —経営の目的2

Key Words ムハマド・ユヌス，グラミン銀行，利他心

2006年にノーベル平和賞を受賞したバングラデシュの**ムハマド・ユヌス**は，自分が手掛けた**グラミン銀行**（村の銀行）プロジェクトなどを通して，ソーシャル・ビジネスについて，より厳格な捉え方をしています。

米国の大学で学んだ経済学者でもある彼は，現代の経済学が「利己的」な人間を前提にして成立していることを実によく理解しています。しかし一方で，世の中にさまざまな宗教が存在して，美術館，公共の公園，慈善団体などもあるということは，人間が利他的な心をもっていることを示している，とも考えています。そして，彼は「利己心」と「**利他心**」を併せもつ多元的な人間像を前提とした経済社会を創り出すべきだと提唱しています。

このような多元的な人間像を前提にすると，2種類のビジネスが想定できるのです。1つは個人の利益を追求するビジネスで，2つめは他者の利益を追求するビジネスだというものです。後者のビジネスでは，すべての活動が他者の利益のために行われます。他者の役に立つという喜び以外にソーシャル・アントレプレナーには何の報酬もないというものです。これが，現代社会に欠けている考え方であり，ユヌスが考える本当のソーシャル・ビジネスということになります。

持続可能なソーシャル・ビジネスを維持するためには，経費支出を賄うだけの収入が必要となります。そして，支出を賄ったあとに残る利益相当分は，一部がそのソーシャル・ビジネスの拡大のために再投資され，また別の一部は不測の事態に備えてソーシャル・エンタープライズ内に留保されるのです。すなわち，彼の考える厳密な定義では，ソーシャル・ビジネスとは社会的問題・課題の解決のみに専念する「損失なし，配当なしのエンタープライズ」なのです。

さらに，バングラデシュという貧しい国の現実から生まれた発想らしく，彼はソーシャル・ビジネスを次のような2つに分類して説明しています。

109 ソーシャル・ビジネスの7原則

1	経営目的は，利潤の最大化ではなく，人々や社会を脅かす問題を解決すること
2	財務的・経済的な持続可能性を実現する
3	投資家は投資額のみを回収できる。投資の元本を超える配当は行われない
4	投資額を返済して残る利益は，会社の拡大や改善のために留保される
5	環境に配慮する
6	従業員に市場賃金と標準以上の労働条件を提供する
7	楽しむ！

◆社会的問題・課題の解決を目的とする「損失なし，配当なし」の企業

企業を所有する投資家は，その利益をすべてビジネスの拡大や改善に再投資します。投資家は一定期間の後でなければ元本の回収はできません。そして，投資家の元には元本以上のものは戻りません。インフレ等の調整も行われませんから，１ドルの投資に対する回収は１ドルのみとなります。

◆支援される側の人々が所有する営利企業

支援される側の人々に利益が分配されれば，経済的に生活が安定しますから，この種のビジネスは社会的問題・課題の解決という目的に合致します。支援される側の人々が企業を直接所有してもよいし，特定の社会目標に専念するトラスト（信託機関）を通じて所有してもよいというものです。

さらにユヌスは，ソーシャル・ビジネスを運営する際の原則として，図のような７つの要件を挙げています。彼の発想の中には，ソーシャル・ビジネスには限りない喜びがある，ということで「楽しむ！」という要件が最後に登場しています。

110 ソーシャル・ビジネスの機能
—機能と戦略について1

Key Words NGO，ファンドレイジング，社会的責任投資

ソーシャル・ビジネスが社会的な問題・課題を解決するものであることについては，さまざまな事例を学ぶことから十分に理解できたでしょう。そこでこの項では，戦略を考える上で必要となる次のようなソーシャル・ビジネスの機能の概略を理解していくことにします。

◆経済的・人的支援の機能

問題・課題の解決のために経済的・人的支援を行う機能です。一般的なものとして，個人や企業，団体が現金や現物を寄付することが該当します。また，個人や企業等に所属する人々が，単純労働力や専門知識・技術を無償で提供する機能です。

◆支援された団体による社会貢献の機能

前述の機能に支えられた団体が社会貢献する機能です。1999年にノーベル平和賞を受賞した「国境なき医師団」（MSF：Medicins Sans Frontieres）は，NPO 組織形態での **NGO**（Non-Governmental Organizations）として世界的に活動しています。

◆主たる事業で社会貢献する機能

企業や団体の主たる事業が生み出す製品やサービスが社会貢献となる機能です。とかちペレット協同組合の製品は，廃棄物の有効活用によって生活コストの削減を実現しています。また，フローレンスの提供するサービスは，病児保育問題などの解決の一助となっているのです。

◆従たる事業で社会貢献する機能

企業や団体が特定の目的をもって従たる事業を展開し，これによって社会貢献する機能です。企業による CSR 活動の多くはこの機能に属していますし，cause related marketing の活動もこの機能となります。

110 社会貢献機能の類型化

- 直接支援
  - 経済的・人的支援
  - 主たる事業
  - 従たる事業
  - 経済的・人的支援を受けた団体の主たる事業
- 間接支援
  - 資金獲得支援
  - 投資による支援
- 受益者の参加
  - 受益者が事業に参加
  - 受益者が事業を所有

◆支援対象者を参加させることで社会貢献する機能

企業や団体の主たる事業に貢献対象の人々を参加させることで社会貢献する機能です。障がい者がスワンベーカリーで働くことで生活に張りが生まれ，収入も大幅に向上することになりました。

◆**ファンドレイジング**（fund raising）の機能

寄付を経済的基盤にしている組織・団体に対して，ファンド（資金）を集める専門的な仕事の機能です。日本ではまだ確立されていませんが，欧米ではすでに一般化している機能です。

◆**社会的責任投資**の機能

社会的な責任を果たしていると思われる企業に積極的に投資するという機能です。従来ならば一般金融機関から無視されていた企業・団体を金融的に支援する機能と言えるでしょう。

◆支援対象者にビジネスを所有させることで社会貢献できる機能

ソーシャル・ビジネスの支援対象者にビジネスが所有されることで社会貢献となる機能です。

111 ビジネス手法としての戦略
—機能と戦略について 2

Key Words 補助金，依存体質，持続可能，特性受容，特性創造

政府や自治体は税金を原資として社会的な問題・課題を解決しています。そのうち，自らが直接行うとコストがかかりすぎる事業には**補助金**などの形態で一部分の支援をしながら，その他については民間の活力に期待するというのが一般的な問題・課題解決の方法でしょう。

ただし，補助金などが継続的に入る組織・団体が，そのような資金に対して**依存体質**になることもよくあることです。そこで，社会的問題・課題を解決するという目的を達成するために，税金を原資とした支援に期待しないという選択肢が生まれます。この選択肢の考え方をさらに推し進めると，民間から提供される永続的ではないけれど自発的な資金を上手に活用するという考え方が生まれてきます。

現実の世界の財団や非営利組織は，無数の寄付によって維持されています。このことは，人々が住みやすい社会を創り出すために自発的に資金を提供している事実がある，ということを証明しているでしょう。すなわち，ソーシャル・ビジネスが目指すものに人々が共感すれば，多くの人々が当該ビジネスに賛同し，経済的・人的支援を行ってくれるだろうと期待できるのです。ここにソーシャル・ビジネスの戦略の考え方の基本があります。

ユヌスが提唱しているような「投資家に利益配分しないビジネス」には誰も投資しないのでしょうか。そのようなことはないだろうと考えられます。なぜなら，米国の IT ビジネスや金融取引で巨万の富を築いた人々が，慈善事業に気前よく寄付をしているからです。世の中でソーシャル・ビジネスがもっと一般化すれば，こうしたビジネスに投資するための手続きがもっと簡素化されるでしょう。そうなれば，余裕資金をもつ多くの人々がソーシャル・ビジネスに投資することになるはずです。1回の寄付はそのまま1回の効果で終わりますが，ソーシャル・ビジネスが一般化することによって，ビジネスに対する1回の投資が**持続可能**な社会貢献として定着します。

111 ソーシャル・ビジネスの戦略

▶特性受容から特性創造
- 受益者自らが支援の対象そのものを創造するきっかけを発見するという戦略
- オーバーエクステンション戦略に近いもの

▶ビジネスモデル
- 社会にはまだ発見されていない問題・課題がある
- だからこそ，新しい結合を実現するビジネスモデルが必要

ただし，現状では多くの社会貢献事業が，自らの内部・外部環境を所与のものとして扱っている場合が多いのです。そこで，ビジネス手法を最大限活用する必要性があります。

◆**特性受容**から**特性創造**へ

不足している資源（特性）などを寄付や現物支給で供給してもらうのではなく，その特性を自らが創り出す「きっかけ」を与えることが重要になります。スワンベーカリーのビジネスは，障がい者が作ったものはバザーでしか売れないという特性受容の状態から，一般顧客に売れるものを作るという特性創造への転換でした。

◆ビジネスモデル

フローレンスの事業でよく理解できるように，支援の潜在的な需要者と潜在的な供給者がもつ情報をつなぐことによって，新しいビジネスモデルが創造されることになります。社会性はソーシャル・ビジネスの原点ですが，ビジネス手法を採用した事業性があり，新規性をもったビジネスモデルを創造するソーシャル・アントレプレナーの戦略に期待がかかるのです。

第15章 ポイント

① ソーシャル・ビジネスには，社会性，事業性，新規性が求められる

② 財務的・経済的な持続可能性を実現する

③ 特性受容から特性創造への変革が必要

参考文献

Dees, Gregory (1998), "Enterprising Nonprofits," *Harvard Business Review*, Jan-Feb, 1998, pp.55-67.

土肥将敦（2006）「ソーシャル・アントレプレナー（社会的企業家）とは何か」谷本寛治編著『ソーシャル・エンタープライズ：社会的企業の台頭』中央経済社，121-147頁。

平田譲二編著（2012）『ソーシャル・ビジネスの経営学＝Social Business：社会を救う戦略と組織』中央経済社。

ハーシュマン，アルバート，O.（1973）『開発計画の診断』巌松堂出版。

比留間雅人（2010）「企業によるソーシャル・イノベーションと生活者」服部篤子ほか編『ソーシャル・イノベーション：営利と非営利を超えて』日本経済評論社，121-143頁。

小倉昌男（2003）『福祉を変える経営：障害者の月給一万円からの脱出』日経 BP 社。

シュムペーター，A.S.（1977）『経済発展の理論：企業者利潤・資本・信用・利子および景気の回転に関する一研究：上・下』岩波文庫。

谷本寛治（2006）「ソーシャル・エンタープライズ（社会的企業）の台頭」谷本寛治編著『ソーシャル・エンタープライズ：社会的企業の台頭』中央経済社，1-45頁。

ユヌス，ムハマド（2010）『ソーシャル・ビジネス革命：世界の課題を解決する新たな経済システム』早川書房。

索　引

欧　文

あ　行

か　行

さ 行

た 行

な　行

は　行

【著者紹介】

平田　譲二（ひらた　じょうじ）

合同会社経営支援工房　代表コンサルタント・社長
元産業能率大学経営学部教授
一橋大学大学院商学研究科博士課程修了。博士（商学）。
専門は，経営学，戦略論，組織論。

岸本　太一（きしもと　たいち）

東京理科大学大学院経営学研究科技術経営専攻（MOT）講師
一橋大学大学院商学研究科博士課程修了。博士（商学）。
専門は，経営学，戦略論，国際経営論，中小企業論。

使える！
経営戦略111（第2版）

2013年10月5日　第1版第1刷発行
2022年7月5日　第1版第11刷発行
2022年11月10日　第2版第1刷発行
2023年12月10日　第2版第2刷発行

著　者　平　田　譲　二
　　　　岸　本　太　一
発行者　山　本　　　継
発行所　㈱ 中 央 経 済 社
発売元　㈱中央経済グループ
　　　　パブリッシング

〒101-0051　東京都千代田区神田神保町1-35
電話　03（3293）3371（編集代表）
　　　03（3293）3381（営業代表）
https://www.chuokeizai.co.jp
印刷／昭和情報プロセス㈱
製本／誠　製　本　㈱

ISBN978-4-502-44471-5　C3034